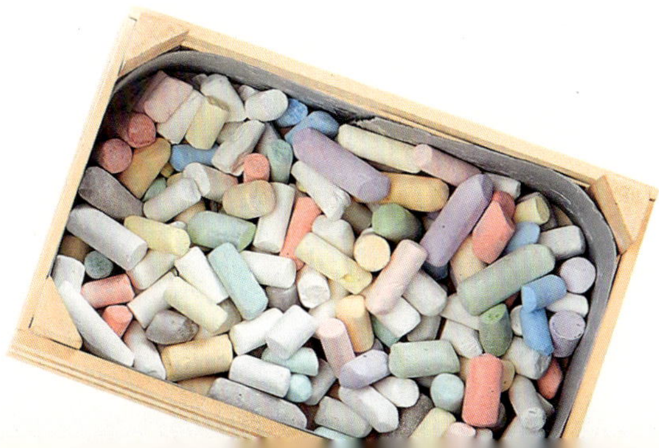

## COVERMODELLE

Sweater mit Kapuze von Seite 62
Body mit Kragen von Seite 16
Checkerhose mit Faketaschen von Seite 24
Trägerkleid mit Rüsche von Seite 70

PAULINE DOHMEN

# KLIMPER LEICHT!

## Nähen mit JERSEY

für Babys und Kids,
in den Größen 56–92
und 98–140

Ich freue mich wirklich sehr, dass du heute mein neues Buch in Händen hältst. In diesen mehr und mehr digitalen Zeiten ist es für mich noch immer ganz besonders, ein neues klimperkleines Buch entstehen zu sehen!

Erfahrene Klimperer wissen, begonnen hat 2011 alles mit meinen eBooks mit Schnittmustern und sehr ausführlichen Fotoanleitungen. Diese fotografierten Einzelschritte waren vor allem für Näh-Einsteiger eine sehr große Hilfe und für mich eine Herzensangelegenheit. Daher freue ich mich unheimlich, euch in diesem Buch zu jedem Modell erstmals auch eine ausführliche Fotoanleitung präsentieren zu dürfen!

Klimperleicht enthält Modelle meiner beliebtesten eBooks, und obendrauf acht brandneue Schnittmuster. Mit dieser sorgfältigen Zusammenstellung kannst du eine komplette Basisgarderobe für Kinder und Babys selber designen.

Meine persönlichen drei Highlights unter den Neuheiten sind die Checkerhose für Große, der Outdooranzug und der Body mit Kragen. Bei uns im Kleiderschrank dürfen Klassiker wie Kuschelanzug, Strampelhose und Jacke natürlich auch nicht fehlen.

Was wird dein Lieblingsmodell? Teile es gerne in den sozialen Medien und tagge es mit #klimperkleinkreativ und #klimperleicht, wenn wir es auf den klimperkleinen Kanälen zeigen dürfen.

Ich freue mich darauf, eure Designideen zu bewundern!

Eure

Pauline

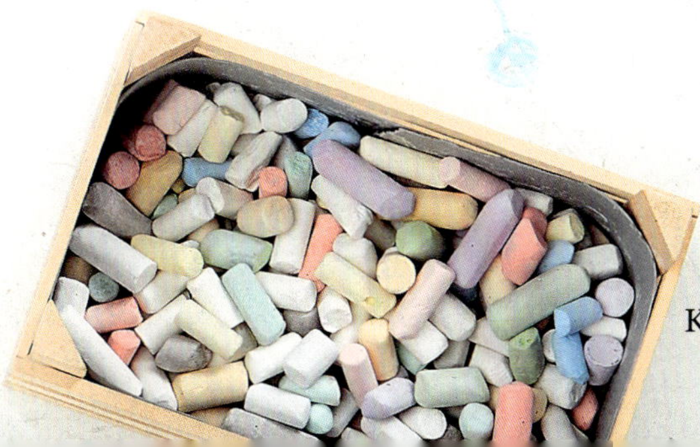

# FÜR KLEINE KLIMPERER

## FÜR GROSSE KLIMPERER



## GRUNDLAGEN

# FÜR KLEINE KLIMPERER

Grösse 56-92

Schwierigkeitsgrad ●●○ Schnittmusterbogen 1A

# Fake-Wickelshirt

## Material

- Stoff 1 (Wickelshirt): Sommersweat in Dunkelblau mit Leopardenmotiv, 140 cm breit, 70 cm (Gr. 56-74)/ 80 cm (Gr. 80-92)
- Stoff 2 (Bündchen): Feinstrickbündchen in Dunkelblau, 70 cm breit, 15 cm
- farblich passendes Nähgarn

## Nahtzugaben

Alle Teile mit 1 cm NZG, den Saum an der Unterkante mit 3 cm Saumzugabe zuschneiden. Am Halsausschnitt keine NZG zugeben.

## Zuschnitt

Dieses Modell ist für die Pattarina-App verfügbar (siehe Seite 121) oder als Schnittmuster-PDF zum Ausdrucken erhältlich (siehe Seite 119).

Der Schnitt des Shirts ist auf Jersey und dehnbaren Sommersweat ausgelegt.

**Hinweis:** Für die Variante mit Bündchen die Ärmel am Saum an der eingerückten Linie (Bündchenlinie) zuschneiden. Alternativ kannst du die Ärmel auch ohne Bündchen und einfach nur mit klassischem Saum nähen (siehe Seite 97). Dann die Ärmelunterkante an der äußeren Linie mit 2 cm Saumzugabe zuschneiden. Beachte, dass sich bei der Saumvariante der Stoffverbrauch erhöhen kann.

### Stoff 1

2x Vorderteil gegengleich
1x Rückenteil im Stoffbruch
2x Ärmel gegengleich

### Stoff 2

2x Ärmelbündchen im Stoffbruch
1x Streifen für den Halsausschnitt, 4 cm breit, 60 cm (Gr. 56-74), 70 cm (Gr. 80-92)

## ANLEITUNG

**1** Vorderteile und Rückenteil r-a-r an den Schulterkanten bündig aufeinanderlegen und die Schulternähte schließen.

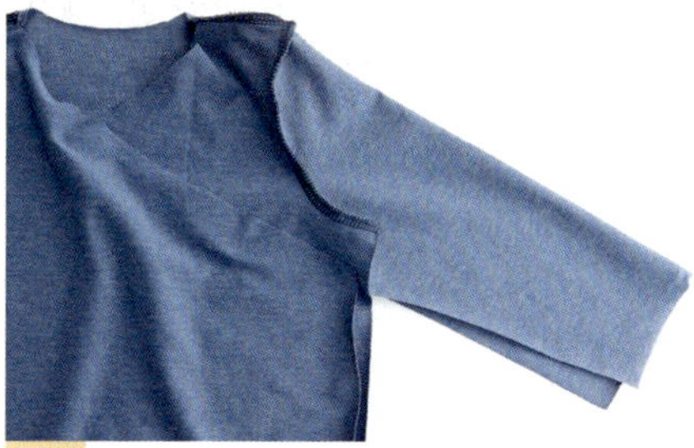

**2** Die Ärmel r-a-r mit der Armkugel markierungsgemäß in die Armausschnitte einpassen, feststecken und annähen.

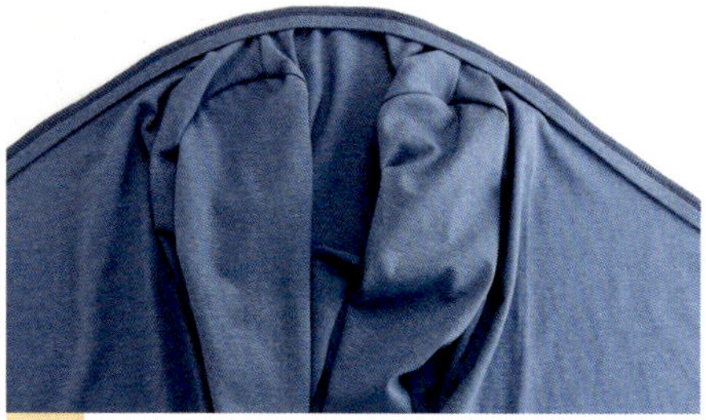

**3** Den Streifen für den Halsausschnitt längs l-a-l zur Hälfte falten und r-a-r auf die Halsausschnittkante nähen, dabei nur im Bereich des hinteren Halsausschnitts (nicht an den überkreuzenden Kanten im Vorderteil) leicht dehnen.

**4** Den Halsausschnitt von rechts mit niedrigem Nähfußdruck absteppen.

**5** Die Ärmel der Länge nach bündig r-a-r legen und stecken. Vorderteile und Rückenteil an den Seitenkanten bündig r-a-r legen und stecken. Die unteren Ärmel- sowie die Seitennähte jeweils in einem Arbeitsgang vom Ärmelsaum bis zur Shirtunterkante schließen.

### TiPP

Vor dem Nähen der Seitenkanten die Wickelenden auf der NZG fixieren und einkürzen, damit sie nicht verrutschen.

**6** Die Ärmelbündchen r-a-r zum Ring nähen, der Länge nach l-a-l auf halbe Höhe falten, r-a-r jeweils an die Ärmelsäume stecken und annähen (siehe Seite 96).

**7** Den Saum 3 cm nach innen einschlagen, bügeln und von rechts mit einem dehnbaren Stich absteppen (siehe Seite 97).

Grösse 56-92

Schwierigkeitsgrad ●●●

Schnittmusterbogen 1A

# Body mit Kragen

## Material

- Stoff 1 (Body): Jersey in Hellblau mit Blumenmuster oder in Dunkelblau meliert, 140 cm breit, 50 cm (Gr. 56-74)/ 60 cm (Gr. 80-92)
- Stoff 2 (Kragen und Blende): Jersey in Koralle oder Dunkelblau meliert, 140 cm breit, 20 cm
- Stoff 3 (Bündchen): Feinstrickbündchen in Koralle oder Dunkelblau, 70 cm breit, 10 cm
- Einlage: Vlieseline H 180, Rest
- 6 farblich passende Druckknöpfe oder Snaps
- farblich passendes Nähgarn

## Nahtzugaben

Alle Teile mit 1 cm NZG zuschneiden, die Beinausschnitte/Unterkante des Bodys an Vorder- und Rückenteil (beide Varianten) sowie die Ärmelsäume bei der Variante für Mädchen ohne NZG zuschneiden, da diese Kanten eingefasst werden.

## Zuschnitt

Dieses Modell ist für die Pattarina-App verfügbar (siehe Seite 121) oder als Schnittmuster-PDF zum Ausdrucken erhältlich (siehe Seite 119).

Bei der Variante mit Bubikragen werden die Ärmel eingefasst, bei der Variante für Jungs werden Bündchen an die Ärmel genäht.

Das Modell für Mädchen wird an der Blende spiegelgleich gearbeitet. Auf dem Bogen gibt es dafür ein separates Schnittteil.

### Stoff 1

1x Rückenteil im Stoffbruch
1x Vorderteil im Stoffbruch
2x Ärmel gegengleich
2x Bubikragen im Stoffbruch (Variante mit Bubikragen)

### Stoff 2

2x Polokragen im Stoffbruch (Variante mit Polokragen)
1x Blende (siehe Schritt 1)

### Stoff 3

2x Ärmelbündchen (Variante mit Polokragen)
2x Einfassstreifen für die Ärmelsäume (Variante für Mädchen), 4 cm breit, Länge: Ärmelsaummaß x 0,7 plus 2 cm NZG
1x Einfassstreifen für die Beinsäume, 4 cm breit, Beinausschnitt- und Unterkantenmaß x 0,7 plus 2 cm NZG

1 Die Blende auf ein passendes Stück Einlage abpausen. Die Einlage auf die linke Stoffseite von Stoff 2 bügeln. Anschließend das Blendenschnittteil zuschneiden. Die Blende annähen (siehe Seite 117).

2 Vorder- und Rückenteil r-a-r an den Schulterkanten bündig aufeinanderlegen und die Schulternähte schließen.

3 Die Kragenteile r-a-r legen und an den kurzen Seiten zusammennähen. Die NZG an den Ecken einkürzen, den Kragen wenden und bügeln. Den Kragen annähen (siehe Seite 116).

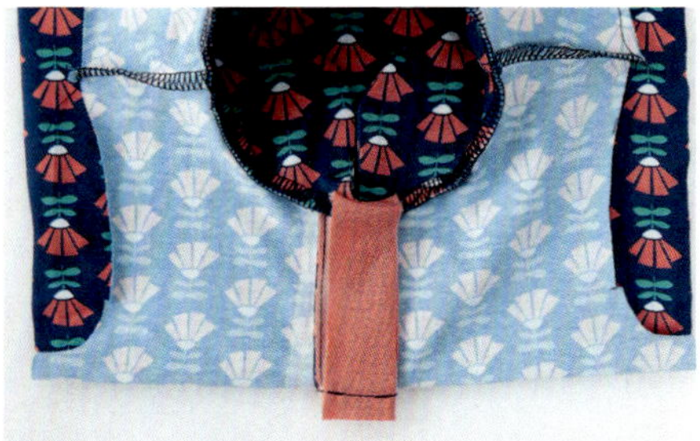

4 Die Blende innen an der Unterkante schließen, dafür alle Teile passend aufeinanderlegen und abnähen, dabei den Body nicht mitfassen.

5 Die Blende mit einem Riegel oder Kreuz auf der rechten Stoffseite des Bodys fixieren.

6 Die NZG am Kragen nach Wunsch in den Body legen und von rechts absteppen.

7 Druckknöpfe oder Snaps an der Blende anbringen.

8 Die Ärmel r-a-r mit der Armkugel markierungsgemäß in die Ausschnitte einpassen, feststecken und annähen.

9 Die Ärmelsäume bei der Variante mit Bubikragen einfassen (siehe Seite 102, „Einfassung mit offener Unterseite"). Für die Variante mit Polokragen die Bündchenstreifen der Länge nach l-a-l falten und leicht gedehnt r-a-r an die Ärmelkante nähen, die NZG in den Ärmel bügeln und von rechts absteppen (siehe Seite 101).

10 Die Ärmel der Länge nach r-a-r legen und stecken. Vorder- und Rückenteil an den Seitenkanten bündig r-a-r legen und stecken. Eine untere Ärmelnaht sowie Seitennaht in einem Arbeitsgang vom Ärmelsaum bis zum Beinausschnitt schließen.

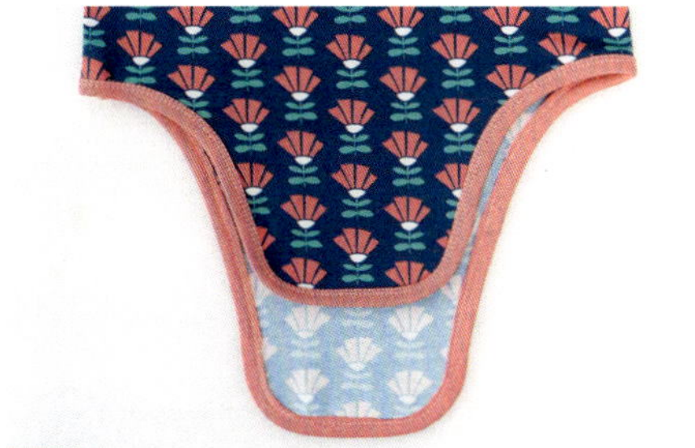

11 Beinausschnitte und Unterkanten im Vorder- und Rückenteil einfassen (siehe Seite 102, „Einfassung mit offener Unterseite"). Anschließend die andere Ärmel- und Seitennaht analog zur ersten schließen.

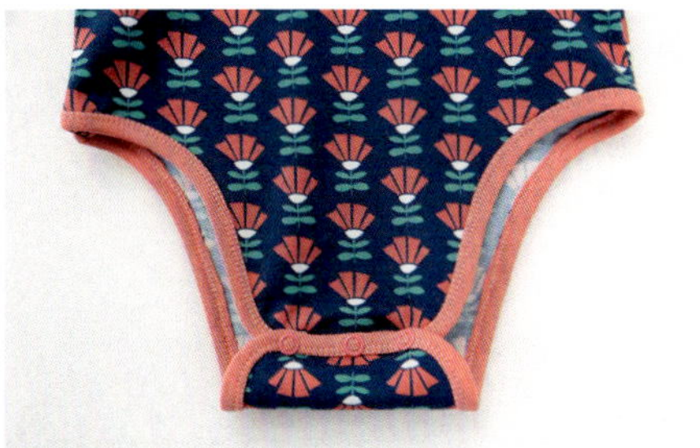

12 Druckknöpfe an der Bodyunterkante auf der Einfassung sowie an der Blende gleichmäßig verteilt anbringen.

Grösse 56-92 | Schwierigkeitsgrad | Schnittmusterbogen 1A

# Strampelhose mit Kängurutasche

## Material

- Stoff 1 (Strampelhose): Cordnicki in Türkis, 140 cm breit, 80 cm (Gr. 56-74)/ 95 cm (Gr. 80-92)
- Stoff 2 (Beleg und Tasche): Sommersweat in Dunkelblau mit Leopardenmotiv, 35 cm
- Stoff 3 (Bündchen): Feinstrickbündchen in Dunkelblau, 40 cm breit, 20 cm
- Einlage: Vlieseline, Rest (optional)
- 2 farblich passende Druckknöpfe
- farblich passendes Nähgarn

## Nahtzugaben

Alle Teile mit 1 cm NZG zuschneiden.

## Zuschnitt

Dieses Modell ist für die Pattarina-App verfügbar (siehe Seite 121) oder als Schnittmuster-PDF zum Ausdrucken erhältlich (siehe Seite 119).

Die Belege für Vorder- und Rückenteil entlang der Beleglinien im Schnittmuster als Extraschnittteil kopieren und zuschneiden.

**Hinweis:** Für die Variante mit Bündchen Vorder- und Rückenteil am Saum an der eingerückten Linie (Bündchenlinie) zuschneiden. Alternativ kann die Hose auch ohne Bündchen und einfach nur mit klassischem Saum nähen (siehe Seite 97). Dann die Unterkante von Vorder- undRückenteil an der äußeren Linie mit 2 cm Saumzugabe zuschneiden. Beachte, dass sich bei der Saumvariante der Stoffverbrauch erhöhen kann.

### Stoff 1

1x Vorderteil im Stoffbruch
2x Rückenteil gegengleich

### Stoff 2

1x Vorderteilbeleg im Stoffbruch
1x Rückenteilbeleg im Stoffbruch
1x Tasche

### Stoff 3

2x Beinbündchen
2x Bündchen für Tascheneingriff, 10 cm x 5 cm

**ANLEITUNG**

**Hinweis:** Wird Jersey verwendet, am besten die Träger mit Vlieseline verstärken, damit die Druckknöpfe nicht ausreißen.

**1** Die Bauchtasche nähen (siehe Seite 106), dabei auch die Taschenunterkante nach innen bügeln. Die Tasche auf dem Vorderteil platzieren und feststecken. Am besten vorher am Körper des Kindes abmessen, wo die Tasche sitzen soll.

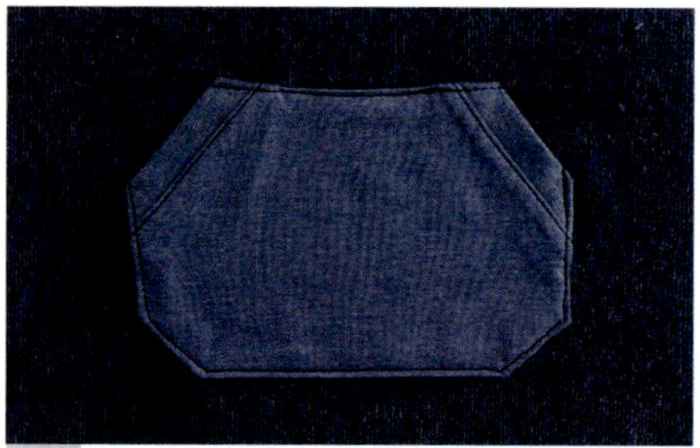

**2** Die Tasche entlang der gebügelten Kanten festnähen, Nahtanfang und -ende jeweils gut mit Rückstichen sichern.

**3** Die Rückenteile r-a-r aufeinanderlegen und die Naht in der hinteren Mitte schließen.

**4** Das Rückenteil aufklappen und r-a-r auf das Vorderteil legen, feststecken und die Seitennähte schließen.

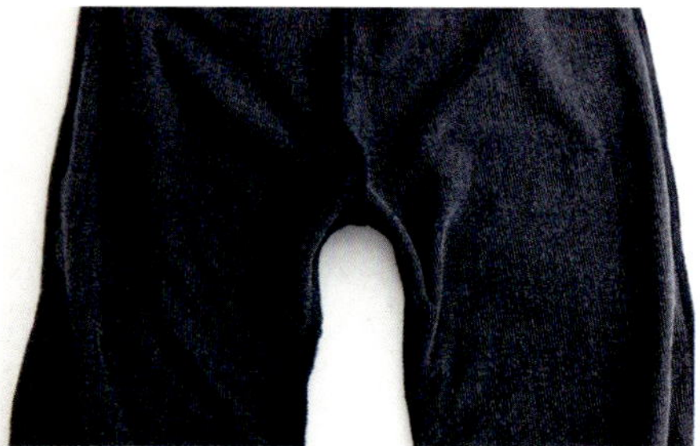

**5** Die Beinnähte feststecken und schließen.

6 Vorder- und Rückenteilbeleg r-a-r legen, an den Seitenkanten feststecken und zusammennähen. Die Unterkante des Belegs mit der Overlock versäubern. Den Beleg auf rechts wenden.

7 Den Beleg passgenau r-a-r auf die Strampelhose legen, an der kompletten Oberkante (Rückenteil und Vorderteil inklusive Träger) feststecken und annähen. Am besten verwendet man dazu einen Geradstich mit niedrigem Nähfußdruck. NZG zurückschneiden und an den Ecken schräg kappen. Wenden, den Beleg gut ausformen, bügeln und auf der Seitennaht mit einer kurzen Naht festnähen. Nach Wunsch die Oberkante 3–5 mm breit mit geringem Nähfußdruck absteppen.

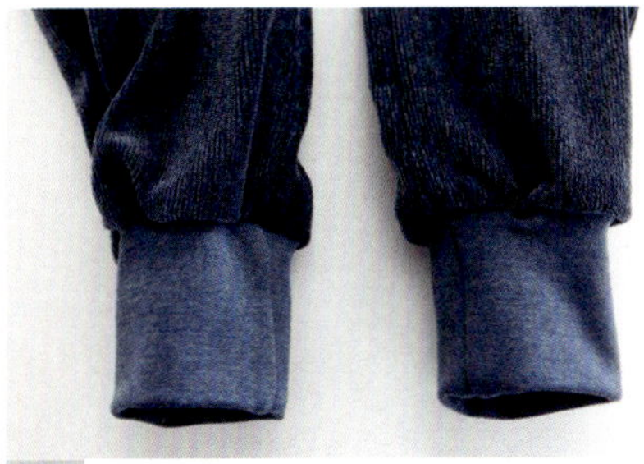

8 Die Beinbündchen r-a-r zum Ring nähen, der Länge nach l-a-l auf halbe Höhe falten und r-a-r an den Beinsäumen annähen (siehe Seite 96).

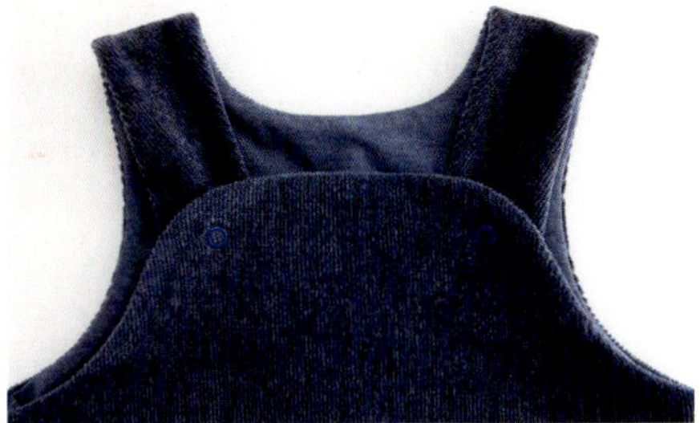

9 Die Druckknöpfe an Trägern und Vorderteil anbringen.

Grösse 56-92 | Schwierigkeitsgrad ●●○ | Schnittmusterbogen 1A

# Checkerhose mit Faketaschen

## Material

- Stoff 1 (Hose): Jeansjersey in Dunkelblau, 140 cm breit, 45 cm (Gr. 56-74)/60 cm (Gr. 80-92)
- Stoff 2 (Bündchen und Paspel): Feinstrickbündchen in Grau, 70 cm breit, 50 cm (Gr. 56-74)/60 cm (Gr. 80-92)
- farblich passendes Nähgarn

## Nahtzugaben

Alle Teile mit 1 cm NZG zuschneiden, die Jerseypaspel und Bündchen für den Tascheneingriff ohne NZG zuschneiden.

## Zuschnitt

Dieses Modell ist für die Pattarina-App verfügbar (siehe Seite 121) oder als Schnittmuster-PDF zum Ausdrucken erhältlich (siehe Seite 119).

Die Hinterhose an der Teilungsnaht in Passe und Unterteil trennen und die Teile einzeln zuschneiden, die Taschenecke an der Vorderhose abtrennen und ebenfalls separat zuschneiden.

**Hinweis:** Für die Variante mit Bündchen Vorder- und Rückenteil am Saum an der eingerückten Linie (Bündchenlinie) zuschneiden. Alternativ kann die Hose auch ohne Bündchen und einfach nur mit klassischem Saum genäht werden (siehe Seite 97). Dann die Unterkante von Vorder- und Rückenteil an der äußeren Linie mit 2 cm Saumzugabe zuschneiden. Dabei bitte beachten, dass sich bei der Saumvariante der Stoffverbrauch erhöhen kann.

Stoff 1

1x Vorderhose im Stoffbruch
1x Hinterhose im Stoffbruch
1x Passe im Stoffbruch
2x Faketaschenecke (Vorderhose) gegengleich

Stoff 2

2x Beinbündchen
1x Bauchbündchen im Stoffbruch
2x Bündchen für den Faketascheneingriff, 10 cm x 5 cm
1x Paspelstreifen, 3 cm breit, Länge: Teilungsnaht an der Hinterhose plus 4 cm

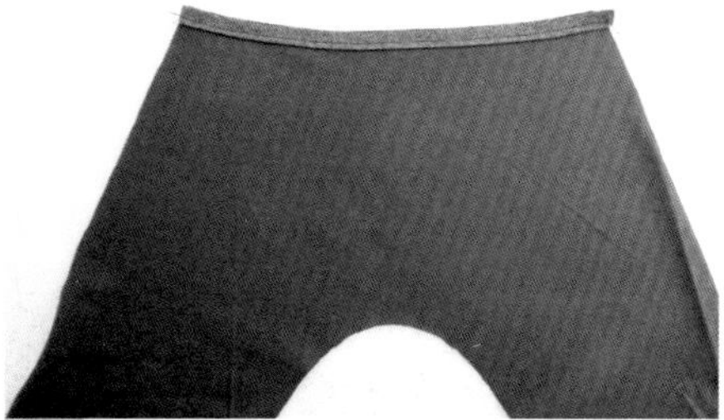

**1** Die Paspel an die Teilungsnaht der Hinterhose nähen (siehe Seite 105).

**2** Die Passe r-a-r auf die Hinterhose legen, feststecken und annähen. Die NZG in die Passe legen und von rechts absteppen.

**3** Die Bündchen für den Faketascheneingriff der Länge nach mittig l-a-l auf halbe Höhe falten, r-a-r auf die Tascheneingriffe der Vorderhose legen, feststecken und leicht gedehnt annähen.

**4** Die Taschenecken r-a-r auf die Vorderhose legen, feststecken und annähen. Dabei die Seiten nicht verwechseln. Die Naht von rechts bügeln, die NZG in die Hose legen und absteppen.

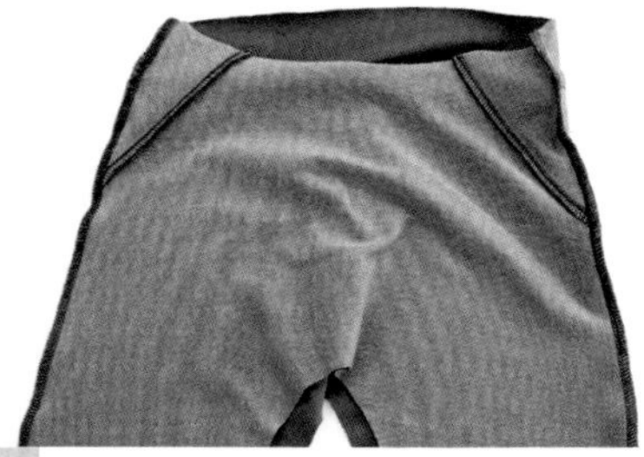

**5** Vorder- und Hinterhose r-a-r an den Seitenkanten bündig aufeinanderlegen, feststecken und die Seitennähte schließen.

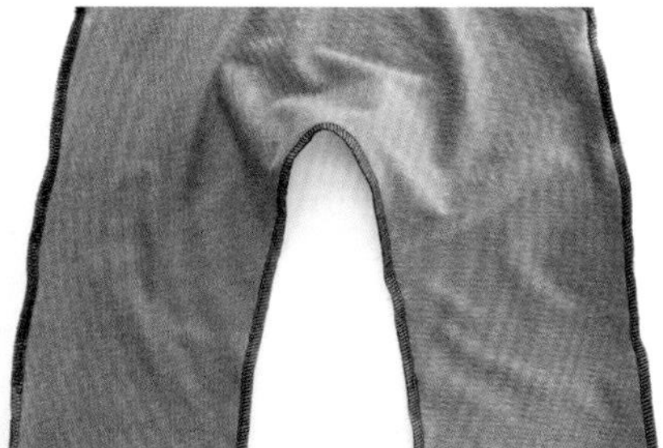

**6** Die Innenbeinkanten bündig aufeinanderlegen, feststecken und die Naht schließen.

**7** Bauch- und Beinbündchen r-a-r zum Ring nähen, der Länge nach l-a-l auf halbe Höhe falten, r-a-r an die Beinsäume sowie den Hosenbund stecken und annähen (siehe Seite 96).

GRÖSSE 56-92 | SCHWIERIGKEITSGRAD | SCHNITTMUSTERBOGEN 1B

# LEGGINGS MIT PATCHES

## MATERIAL

- Stoff 1 (Hose und Patch): Jersey in Rosa meliert, 140 cm breit, 40 cm (Gr. 56-74)/50 cm (Gr. 80-92)
- Stoff 2 (Bündchen): Feinstrickbündchen in Rosa meliert, 70 cm breit, 30 cm
- Vliesofix, Rest
- farblich passendes Nähgarn

## NAHTZUGABEN

Alle Teile bis auf die Patches mit 1 cm NZG zuschneiden.

**Hinweis:** Die Patches können auch weggelassen werden, so entsteht ein unverzichtbares Basic-Modell, das schnell genäht und ruckzuck fertig ist.

## ZUSCHNITT

Dieses Modell ist für die Pattarina-App verfügbar (siehe Seite 121) oder als Schnittmuster-PDF zum Ausdrucken erhältlich (siehe Seite 119).

Die Patches zunächst nicht zuschneiden, sondern nur auf Vliesofix abpausen. Für den Zuschnitt siehe Schritt 1 der Anleitung.

### Stoff 1

2x Hose gegengleich
2x Patch (siehe Schritt 1)

### Stoff 2

1x Bauchbündchen im Stoffbruch
2x Beinbündchen

## ANLEITUNG

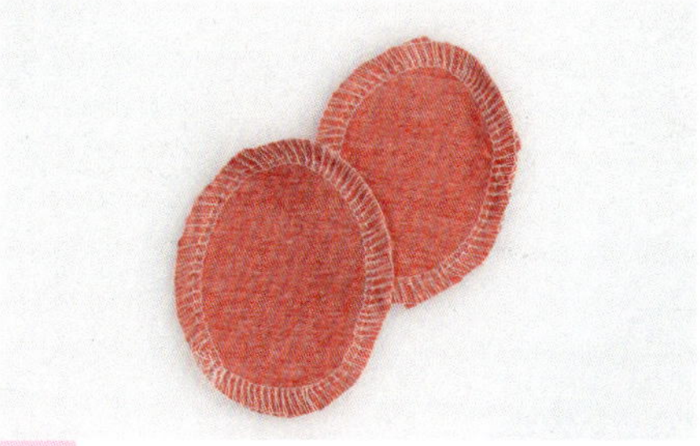

**1** Vliesofix mit den abgepausten Patches auf die linke Stoffseite eines Stoffstücks bügeln. Die Patches ausschneiden. Nach Wunsch die Kanten mit der Overlock versäubern.

**2** Die Patches markierungsgemäß auf die rechte Stoffseite eines Hosenteils bügeln und mit Geradstich applizieren (siehe Seite 109).

**3** Die beiden Hosenteile jeweils r-a-r legen und die innere Beinnaht schließen.

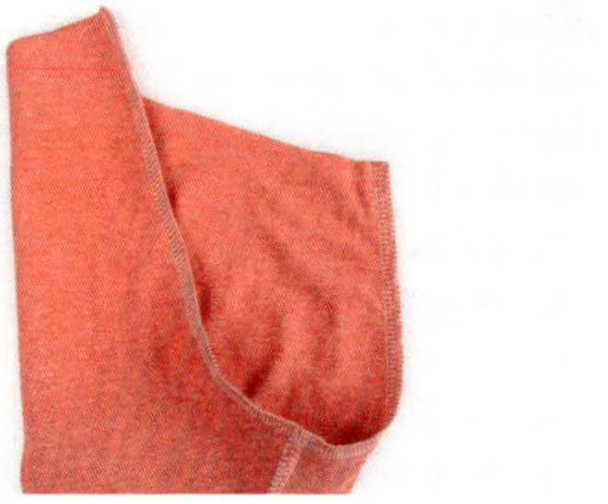

**4** Ein Hosenteil auf rechts wenden und r-a-r in das zweite Beinteil stecken. Die Schrittnaht schließen.

**5** Die Beinbündchen sowie das Bauchbündchen r-a-r zum Ring nähen, der Länge nach l-a-l auf halbe Höhe falten, r-a-r an die Beinsäume sowie an den Bauchbund stecken und annähen (siehe Seite 96).

Grösse 56-92 | Schwierigkeitsgrad ●●○ | Schnittmusterbogen 1B

# Kinderkleid mit kurzen Ärmeln

## Material

- Stoff 1 (Kleid): Jersey in Pink mit Einhörnern, 140 cm breit, 45 cm (Gr. 56-74)/50 cm (Gr. 80-92)
- Stoff 2 (Einfassstreifen): Feinstrickbündchen in Pink, 40 cm breit, 30 cm
- Framilon, 40 cm
- farblich passendes Nähgarn

## Nahtzugaben

Alle Teile mit 1 cm NZG, den Saum an der Unterkante mit 3 cm Saumzugabe zuschneiden. Am Halsausschnitt und an den Ärmelsäumen keine NZG zugeben, da diese eingefasst werden.

## Zuschnitt

Dieses Modell ist für die Pattarina-App verfügbar (siehe Seite 121) oder als Schnittmuster-PDF zum Ausdrucken erhältlich (siehe Seite 119).

Beim Zuschnitt von vorderem und rückwärtigem Oberteil den Ausschnitt gegengleich zuschneiden.

### Stoff 1

2x Unterteil im Stoffbruch
1x vorderes Oberteil (dafür 1x Oberteil mit Kombiausschnitt und 1x vorderes Oberteil mit amerikanischem Ausschnitt zusammenlegen)
1x rückwärtiges Oberteil (dafür 1x Oberteil mit Kombiausschnitt und 1x rückwärtiges Oberteil mit amerikanischem Ausschnitt zusammenlegen)
2x Ärmel gegengleich

### Stoff 2

1x Einfassstreifen für den Halsausschnitt, 4 cm breit, Länge: Halsausschnittweite x 0,8 plus 2 cm NZG
2x Einfassstreifen für die Ärmelsäume, 4 cm breit, Länge: Ärmelsaummaß x 0,7 plus 2 cm NZG

ANLEITUNG

1 Rückwärtiges Oberteil und vorderes Oberteil an der Schulterkante mit dem Kombiausschnitt bündig r-a-r aufeinanderlegen und diese Schulternaht schließen.

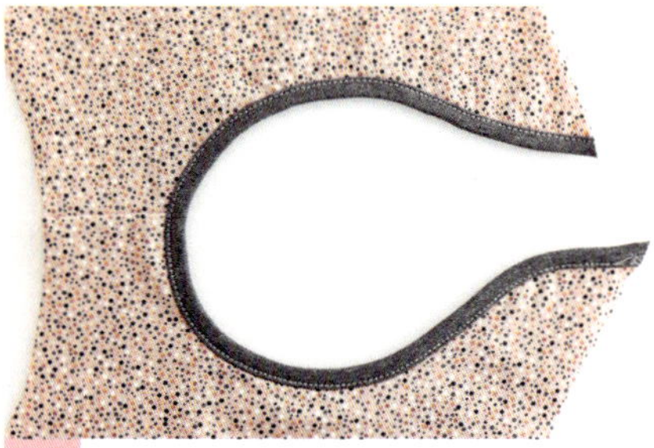

2 Den Halsausschnitt mit dem Bündchenstreifen einfassen (siehe Seite 102, „Einfassung mit offener Unterseite“).

3 Das rückwärtige Oberteil auf der Seite mit dem amerikanischen Ausschnitt l-a-r auf das vordere Oberteil legen, die Knipse an der Schulter liegen dabei aufeinander. Die Strecke zwischen den Knipsen innerhalb der NZG nähen.

4 Die Ärmel r-a-r mit der Armkugel markierungsgemäß in die Armausschnitte einpassen, feststecken und annähen.

5 Die Saumkanten der Ärmel jeweils mit dem Bündchenstreifen einfassen (siehe Seite 102, „Einfassung mit offener Unterseite“).

6 Zwei Stücke Framilon jeweils in der Länge der Oberkante der Unterteile zuschneiden.

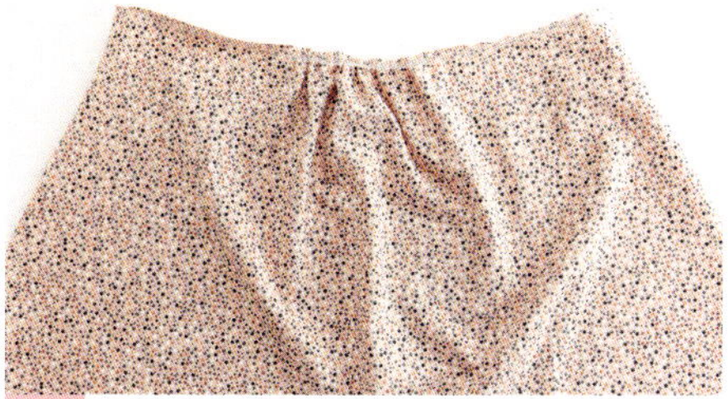

7 Framilon an der Oberkante der Unterteile annähen, dabei jeweils die Strecke von den Seitenkanten bis zu den Markierungen ungedehnt annähen, die Strecke zwischen den Markierungen raffen (siehe Seite 104, „Raffen mit Gummiband“).
**Hinweis:** Framilon mit Geradstich und Stichlänge 4-5 mm sowie gelockertem Nähfußdruck auf der rechten Stoffseite annähen.

8 Die gerafften Unterteile jeweils r-a-r auf die Unterkante der Oberteile stecken und annähen.

9 Die Ärmel der Länge nach r-a-r legen und feststecken. Vorder- und Rückenteil an den Seitenkanten bündig r-a-r legen und stecken. Die unteren Ärmel- sowie die Seitennähte in einem Arbeitsgang vom Ärmelsaum bis zur Kleidunterkante schließen.

10 Den Saum 3 cm nach innen einschlagen, bügeln und von rechts mit einem dehnbaren Stich absteppen (siehe Seite 97).

Grösse 56-92 | Schwierigkeitsgrad ●●● | Schnittmusterbogen 1B

# KUSCHELANZUG MIT KAPUZE

## Material

- Stoff 1 (Anzug): KnitKnit-Jacquard in Grau, 140 cm breit, 65 cm (Gr. 56-74)/ 80 cm (Gr. 80-92)
- Stoff 2 (Beleg und Kapuze innen): Jersey in Dunkelblau meliert, 140 cm breit, 50 cm
- Stoff 3 (Bündchen): Feinstrickbündchen in Dunkelblau, 40 cm breit, 30 cm
- Einlage: Gewebeeinlage (z. B. Vlieseline G 700), Rest
- 6-8 farblich passende Druckknöpfe
- farblich passendes Nähgarn

## Nahtzugaben

Alle Teile mit 1 cm Nahtzugabe zuschneiden.

## Zuschnitt

Dieses Modell ist für die Pattarina-App verfügbar (siehe Seite 121) oder als Schnittmuster-PDF zum Ausdrucken erhältlich (siehe Seite 119).

An den Vorderteilen jeweils oben und unten die vordere Mitte innerhalb der NZG markieren und die Teile inklusive Knopfleiste zuschneiden.

Stoff 1

2x Rückenteil gegengleich
2x Vorderteil gegengleich
2x Ärmel gegengleich
2x Kapuze gegengleich
1x Mittelstreifen Kapuze

Stoff 2

2x Kapuze gegengleich
1x Mittelstreifen Kapuze
2x Beleg gegengleich

Stoff 3

2x Ärmelbündchen
2x Beinbündchen
1x Versäuberungsstreifen, 2,5 cm breit, 30 cm

Einlage

2x Beleg für die Knopfleiste gegengleich

**1** Die Rückenteile r-a-r legen und die Naht in der hinteren Mitte schließen. Nach Wunsch die Naht von rechts absteppen, so wird sie schön flach.

**2** Vorder- und Rückenteil an den Schulterkanten r-a-r bündig aufeinanderlegen und die Schulternähte schließen.

**3** Die Ärmel r-a-r mit der Armkugel markierungsgemäß in die Ausschnitte einpassen, feststecken und annähen.

**4** Vorderteile und Rückenteil sowie die Ärmel r-a-r legen und die unteren Ärmel- sowie die Seitennähte in einem Arbeitsgang von den Ärmel- bis zu den Beinsäumen schließen.

**5** Für die Kapuze aus Außenstoff (Stoff 1) und Futterstoff (Stoff 2) jeweils den Mittelstreifen r-a-r auf ein Seitenteil legen, feststecken und annähen. Das zweite Seitenteil r-a-r auf den Mittelstreifen stecken und annähen. Die Nähte nach Wunsch von rechts absteppen. Die Futterkapuze r-a-r auf die Außenkapuze stülpen, feststecken und die Teile entlang der Vorderkante zusammennähen. Die Kapuze wenden und im Abstand von ca. 3 mm zur Vorderkante von rechts absteppen. Die noch offenen unteren Kanten innerhalb der NZG heften. Die Kapuze r-a-r am Halsausschnitt feststecken und innerhalb der NZG heften, sie endet jeweils an den Markierungen der vorderen Mitte.

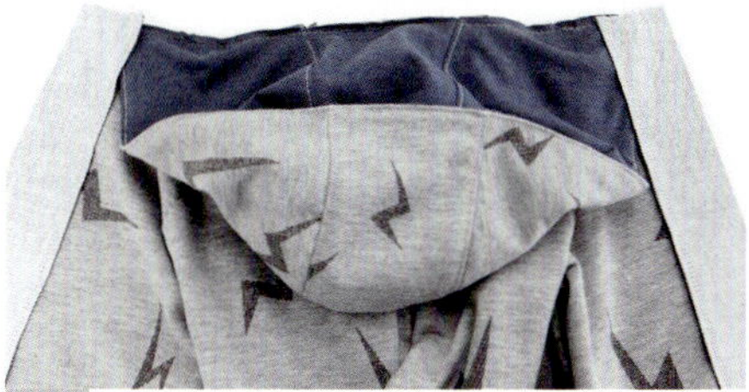

**6** Die Einlage auf die linke Stoffseite der Belege für die Knopfleisten bügeln und die lange Kante, die später offen bleibt, versäubern. Um herauszufinden, welches später die offene Kante ist, jeweils die Belege r-a-r bündig auf die Knopfleisten legen, dabei auf die Rundungen von Hals und Schritt achten. Die Belege r-a-r auf die Knopfleisten legen, sie liegen dabei über der Kapuze. Darauf achten, dass die Rundungen im Schritt und am Hals bündig liegen.

**7** Den Versäuberungsstreifen r-a-r über Kapuze und Beleg auf den Halsausschnitt legen und so einkürzen, dass er 2 cm in den Beleg hineinreicht. Die Kapuze annähen, dabei Belege und Versäuberungsstreifen mitfassen. Die Belege entlang der Außenkanten auf den Anzug stecken und annähen.

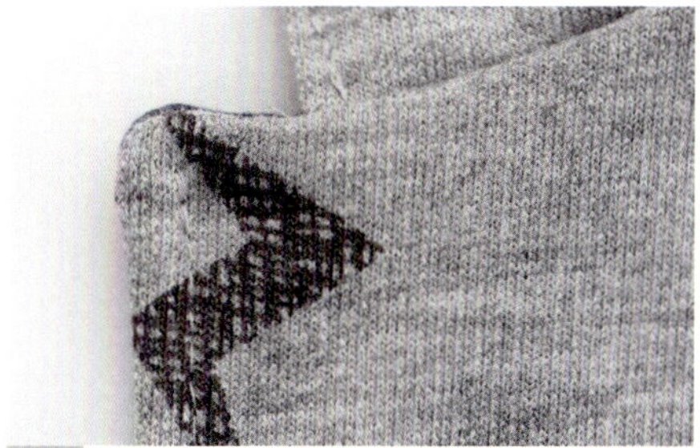

**8** Die obere Ecke mit der Nähmaschine im 45-Grad-Winkel abnähen. Die Nahtzugaben an den Ecken entsprechend einkürzen. Die Belege wenden, die Ecken ausformen und gut bügeln. Die Unterkante der Belege in der NZG des Vorderteils fixieren. Die Vorderkanten mit ca. 5 mm Abstand von rechts absteppen, die Naht endet ca. 5 mm vor der Oberkante.

**9** Den Versäuberungsstreifen einmal um die NZG der Kapuze legen, nach unten klappen und gut feststecken. Den Streifen anschließend von innen rundherum festnähen, dabei an der eben geendeten Naht beginnen und auf der anderen Seite enden.

**10** Die Belege übereinanderlegen, sodass die Markierungen der unteren vorderen Mitte sich treffen, und mit einer Heftnaht auf der NZG fixieren.

**11** Den Anzug auf links wenden. Die innere Beinnaht r-a-r feststecken und schließen.

**TiPP**

Den Bereich der Knopfleiste mehrfach mit der Nähmaschine fixieren, da dort mehr Zug herrscht, wenn die Knopfleiste geöffnet wird.

**12** Die Bündchen r-a-r zum Ring nähen, der Länge nach l-a-l auf halbe Höhe falten, r-a-r in die Beinsäume bzw. die Ärmelsäume stecken und annähen (siehe Seite 96).

**13** Zum Schluss die Druckknöpfe im Abstand von 5–7 cm anbringen, dabei am Halsausschnitt beginnen.

Grösse 56-92 | Schwierigkeitsgrad | Schnittmusterbogen 1B

# OVERALL FÜR DRAUSSEN

## Material

- Stoff 1 (Anzug außen): Wollfleece in Koralle oder Grau meliert, 140 cm breit, 80 cm (Gr. 56-74)/1,10 m (Gr. 80-92)
- Stoff 2 (Vorderteil und Kapuze innen): Jersey in Rosa gemustert oder Lila meliert, 140 cm breit, 60 cm (Gr. 56-74)/ 80 cm (Gr. 80-92)
- Stoff 3 (Bündchen): Feinstrickbündchen in Orange oder Grau meliert, 70 cm breit, 30 cm
- Einlage: Vlieseline H 180, 10 cm
- 8-10 farblich passende Druckknöpfe
- farblich passendes Nähgarn
- Trickmarker

## Nahtzugaben

Alle Teile mit 1 cm Nahtzugabe zuschneiden.

## Zuschnitt

Dieses Modell ist für die Pattarina-App verfügbar (siehe Seite 121) oder als Schnittmuster-PDF zum Ausdrucken erhältlich (siehe Seite 119).

Für den Overall mit Kapuzenbündchen das Schnittmuster der Kapuze sowie des Kapuzenmittelstreifens an der Bündchenlinie kürzen. Wenn die Kapuze ohne Bündchen genäht wird, werden die Kapuzenschnittteile an der äußeren Vorderkante des Schnittmusters zugeschnitten.

### Stoff 1

2x Rückenteil gegengleich
1x Vorderteil im Stoffbruch
2x oberes Vorderteil gegengleich
2x Ärmel gegengleich
2x Kapuze gegengleich
1x Mittelstreifen Kapuze

### Stoff 2

1x Vorderteil im Stoffbruch
2x Kapuze gegengleich
1x Mittelstreifen Kapuze

### Stoff 3

2x Ärmelbündchen
2x Beinbündchen
1x Kapuzenbündchen im Stoffbruch (nur für Variante mit Kapuzenbündchen)

## ANLEITUNG

1 Für die Außenkapuze (Stoff 1) und die Futterkapuze (Stoff 2) jeweils den Kapuzenmittelstreifen r-a-r auf ein Kapuzenteil stecken und annähen, dabei an der Vorderkante der Kapuze beginnen. Anschließend das zweite Kapuzenteil r-a-r an den Mittelstreifen nähen.

**2** Die Kapuzen r-a-r ineinanderlegen. Das Kapuzenbündchen l-a-l falten, gedehnt an der Vorderkante zwischen die beiden Kapuzenteile schieben, feststecken und annähen. Bei der Variante ohne Bündchen die beiden Kapuzenteile an der Vorderkante r-a-r zusammennähen. Die Kapuze wenden und nach Wunsch die Vorderkante absteppen. Die Unterkanten der Kapuzenteile innerhalb der NZG heften. Die hintere Mitte auf dem Kapuzenmittelstreifen markieren.

**3** Im oberen Vorderteil aus Stoff 1 den Bereich der Knopfleiste auf der linken Stoffseite mit einem Streifen Einlage verstärken. Hinweis: Anstelle von Vlieseinlage kannst du die Stellen, an denen später die Druckknöpfe sitzen werden, auch mit Wonder Dots verstärken.

**4** Vorderteil aus Stoff 1 und Stoff 2 r-a-r legen, an der oberen Kante und den beiden Kanten an der Knopfleiste feststecken und zusammennähen. Das Vorderteil wenden und nach Wunsch die genähten Kanten (Oberkante und Seitenkanten) absteppen, dabei mindestens 5 mm zum Rand einhalten, damit dieser sich nicht dehnt.

**5** Eine Linie gemäß der Umbruchmarkierung mit Trickmarker auf der linken Stoffseite des oberen Vorderteils einzeichnen.

**6** Die Ärmel r-a-r markierungsgemäß auf das obere Vorderteil legen und die Raglannähte schließen.

**7** Die Rückenteile r-a-r legen, stecken und die Naht in der hinteren Mitte schließen. Die Ärmel r-a-r auf die Rückenteile stecken und die hinteren Raglannähte schließen.
Hinweis: Die NZG in der hinteren Mitte auf eine Seite klappen und von rechts absteppen, dann wird die Naht schön flach und noch bequemer fürs Baby.

**8** Die Kapuze r-a-r auf den Halsausschnitt stecken, sie endet jeweils an der Umbruchmarkierung. Die Umbruchkanten r-a-r um die Kapuze legen (siehe Seite 117) und die kurze Strecke mit der Nähmaschine innerhalb der NZG heften. Die Halsausschnittkante rundherum nähen. Den Anzug wenden.

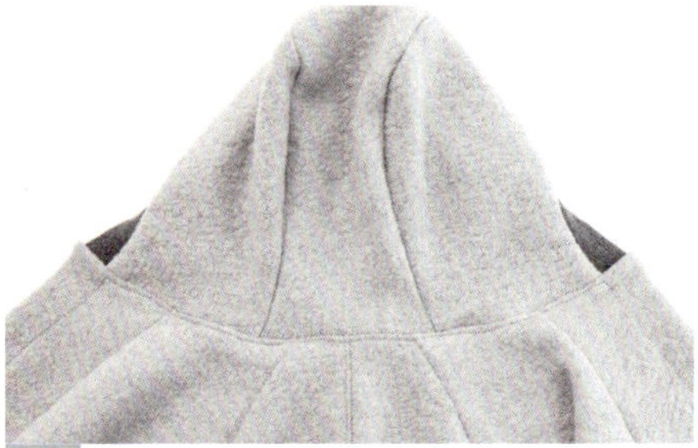

**9** Die Vorderkanten der oberen Vorderteile sowie den Halsausschnitt in einem Arbeitsgang absteppen, dabei die NZG mitfassen.

**10** Den Anzug flach hinlegen. Das Vorderteil l-a-r auflegen, dabei darauf achten, dass die äußeren Beinnähte passgenau aufeinanderliegen. Die Stelle, seitlich am Ende der Knopfleiste, an der oberes Vorderteil und Vorderteil überlappen, innerhalb der NZG feststeppen.

**11** Vorder- und Rückenteil an den unteren Ärmelkanten und den Seitenkanten bündig r-a-r legen und feststecken. Die Ärmelnähte und die Seitennähte jeweils in einem Zug von den Ärmelsäumen bis zur Bodyunterkante schließen.

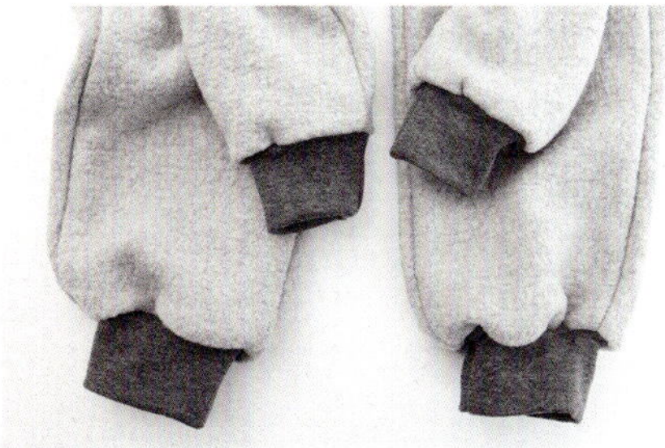

12 Die Ärmel- und Beinbündchen r-a-r zum Ring nähen, der Länge nach l-a-l auf halbe Höhe falten, r-a-r an die Ärmel- und Beinsäume stecken und annähen (siehe Seite 96).

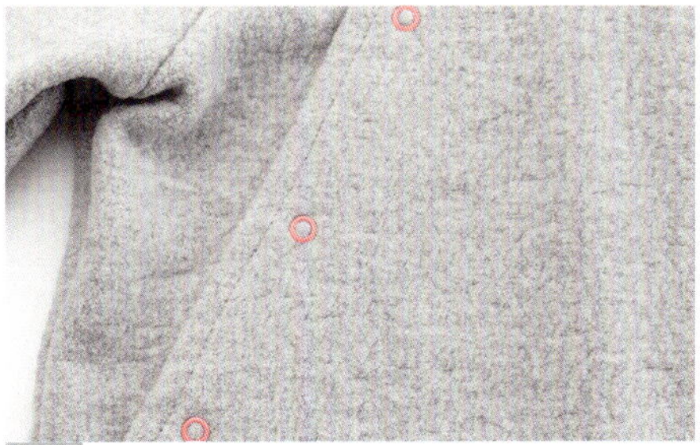

13 Die Druckknöpfe auf der Knopfleiste gleichmäßig verteilt anbringen, dabei am Halsausschnitt beginnen.

## TIPP

Wenn der Anzug aus Walk genäht wird, verwendet man am besten die Nähmaschine. Alle Nahtzugaben von rechts absteppen, das sieht von außen toll aus.

# FÜR GROSSE KLIMPERER

#progamer

Grösse 98-140 | Schwierigkeitsgrad | Schnittmusterbogen 2A

# Shirt mit langen Ärmeln

## Material

- Stoff 1 (Shirt und Ärmel): Jersey in Orange meliert, 140 cm breit, 50 cm (Gr. 98-116)/ 1,10 m (Gr. 122-140)
- Stoff 2 (Halsbündchen): Feinstrickbündchen in Orange, 70 cm breit, 20 cm
- farblich passendes Nähgarn

## Nahtzugaben

Alle Teile mit 1 cm NZG, den Saum an der Unterkante mit 3 cm Saumzugabe zuschneiden.

## Zuschnitt

Dieses Modell ist für die Pattarina-App verfügbar (siehe Seite 121) oder als Schnittmuster-PDF zum Ausdrucken erhältlich (siehe Seite 119).

Hinweis: Für die Variante mit Bündchen die Ärmel am Saum an der eingerückten Linie (Bündchenlinie) zuschneiden. Alternativ können die Ärmel auch ohne Bündchen und einfach nur mit klassischem Saum genäht werden (siehe Seite 97). Dann die Ärmelunterkante an der äußeren Linie mit 2 cm Saumzugabe zuschneiden.
Dabei beachten, dass sich bei der Saumvariante der Stoffverbrauch erhöhen kann.

### Stoff 1

1x Rückenteil im Stoffbruch
1x Vorderteil im Stoffbruch
2x langer Ärmel gegengleich
2x Ärmelbündchen

### Stoff 2

1x Halsbündchen, 4 cm breit, Länge: Halsausschnittweite x 0,8 plus 2 cm NZG

## Motiv

Das Plottmotiv gibt es unter www.topp-kreativ.de/digibib zum kostenlosen Download.

ANLEITUNG

**1** Vorder- und Rückenteil r-a-r an den Schulterkanten bündig aufeinanderlegen und die Schulternähte schließen.

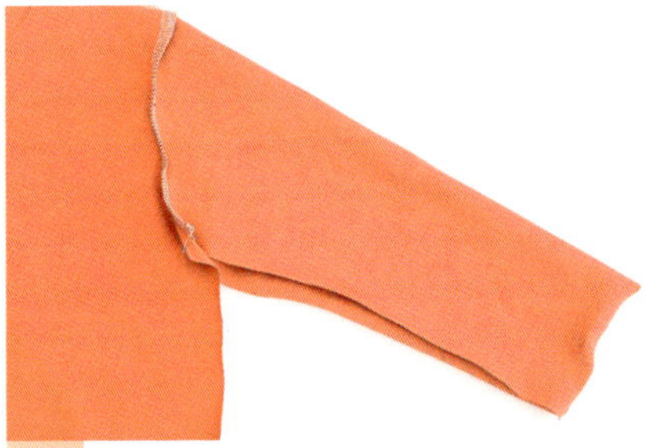

**2** Die Ärmel r-a-r mit der Armkugel markierungsgemäß in die Armausschnitte einpassen, feststecken und annähen.

**3** Das Halsbündchen r-a-r zum Ring zusammennähen, der Länge nach l-a-l falten, an den Halsausschnitt stecken und gleichmäßig gedehnt annähen (siehe Seite 96). Nach Wunsch die NZG in das Shirt legen und mit einem dehnbaren Stich absteppen.

**4** Die Ärmel der Länge nach r-a-r legen und stecken. Vorder- und Rückenteil an den Seitenkanten bündig r-a-r legen und stecken. Die unteren Ärmelnähte sowie die Seitennähte in einem Arbeitsgang vom Ärmelsaum bis zur Shirtunterkante schließen.

**5** Die Bündchen für die Ärmel r-a-r zum Ring nähen, der Länge nach l-a-l auf halbe Höhe falten, jeweils r-a-r an den Ärmelbund stecken und annähen (siehe Seite 96).

**6** Den Saum an der Unterkante des Shirts 3 cm nach innen einschlagen, bügeln und von rechts mit einem dehnbaren Stich absteppen (siehe Seite 97).

progam

Grösse 98-140

Schwierigkeitsgrad

Schnittmusterbogen 2A

# Shirt mit kurzen Ärmeln

## Material

- Stoff 1 (Körper und Ärmel): Jersey in Pink, 140 cm breit, 50 cm (Gr. 98-116)/80 cm (Gr. 122-140)
- Stoff 2 (Halsbündchen): Feinstrickbündchen in Pink, 70 cm breit, 10 cm
- Streifenband in Rot-Weiß, 55 cm
- Stylefix, Rest
- farblich passendes Nähgarn

## Nahtzugaben

Alle Teile mit 1 cm NZG, Säume an Unterkante und Ärmeln mit 3 cm Saumzugabe zuschneiden.

## Zuschnitt

Dieses Modell ist für die Pattarina-App verfügbar (siehe Seite 121) oder als Schnittmuster-PDF zum Ausdrucken erhältlich (siehe Seite 119).

Für die kurzen Ärmel das Schnittmuster an der Kurzarm-Linie kürzen.

### Stoff 1

1x Rückenteil im Stoffbruch
1x Vorderteil im Stoffbruch
2x kurzer Ärmel gegengleich

### Stoff 2

1x Halsbündchen, 4 cm breit, Länge: Halsausschnittweite x 0,8 plus 2 cm NZG

## Motiv

Das Plottmotiv gibt es unter www.topp-kreativ.de/digibib zum kostenlosen Download.

Superstar

## ANLEITUNG

**1** Vorder- und Rückenteil r-a-r an den Schulterkanten bündig aufeinanderlegen und die Schulternähte schließen.

**2** Die Ärmel r-a-r mit der Armkugel markierungsgemäß in die Ausschnitte einpassen, feststecken und einnähen.

**3** Das Streifenband jeweils vom Halsausschnitt bis zum Ärmelsaum mit Stylefix fixieren und aufnähen. Dabei darauf achten, dass das Band an der Halsausschnittkante ca. 1 cm übersteht, über die Schulternaht verläuft und senkrecht zur Saumkante endet.

**4** Das Halsbündchen r-a-r zum Ring zusammennähen, der Länge nach l-a-l falten, r-a-r an den Halsausschnitt stecken und gleichmäßig gedehnt einnähen (siehe Seite 96). Nach Wunsch die NZG in das Shirt legen und mit einem dehnbaren Stich absteppen.

**5** Die Ärmel der Länge nach r-a-r legen und stecken. Vorder- und Rückenteil an den Seitenkanten bündig r-a-r legen und stecken. Die unteren Ärmelnähte und die Seitennähte in einem Arbeitsgang vom Ärmelsaum bis zur Shirtunterkante schließen.

**6** Die Säume an Ärmeln und Unterkante des Shirts 3 cm nach innen einschlagen, bügeln und von rechts mit einem dehnbaren Stich absteppen (siehe Seite 97).

Superstar
DENIM
EDITION

Grösse 98-140

Schwierigkeitsgrad ●●●

Schnittmusterbogen 2A

# Poloshirt mit kurzen Ärmeln

## Material

- Stoff 1 (Shirt und Ärmel): Jersey in Grün mit Sprenkeln, 140 cm breit, 50 cm (Gr. 98-116)/ 80 cm (Gr. 122-140)
- Stoff 2 (Kragen und Blende): Jersey in Anthrazit meliert, 140 cm breit, 20 cm
- Stoff 3 (Armbündchen): Feinstrickbündchen in Anthrazit meliert, 40 cm breit, 10 cm
- Einlage: Vlieseline H 180, 20 cm
- 3 farblich passende Druckknöpfe oder Snaps
- farblich passendes Nähgarn

## Nahtzugaben

Alle Teile mit 1 cm NZG, den Saum an der Unterkante mit 3 cm Saumzugabe zuschneiden.

## Zuschnitt

Dieses Modell ist für die Pattarina-App verfügbar (siehe Seite 121) oder als Schnittmuster-PDF zum Ausdrucken erhältlich (siehe Seite 119).

Für die kurzen Ärmel das Schnittmuster an der Kurzarm-Linie kürzen.

Das Modell für Mädchen wird an der Blende spiegelgleich gearbeitet. Auf dem Bogen gibt es dafür ein separates Schnittteil.

### Stoff 1

1x Rückenteil im Stoffbruch
1x Vorderteil im Stoffbruch
2x kurzer Ärmel gegengleich

### Stoff 2

1x Kragen im Stoffbruch
1x Blende (Zuschnitt siehe Schritt 1)

### Stoff 3

2x Ärmelbündchen

**1** Das Schnittmuster für die Blende auf ein passendes Stück Einlage abpausen. Die Einlage auf die linke Stoffseite von Stoff 2 bügeln. Anschließend das Blendenschnittteil zuschneiden. Die Blende annähen (siehe Seite 117).

**2** Vorder- und Rückenteil r-a-r an den Schulterkanten bündig aufeinanderlegen und die Schulternähte schließen.

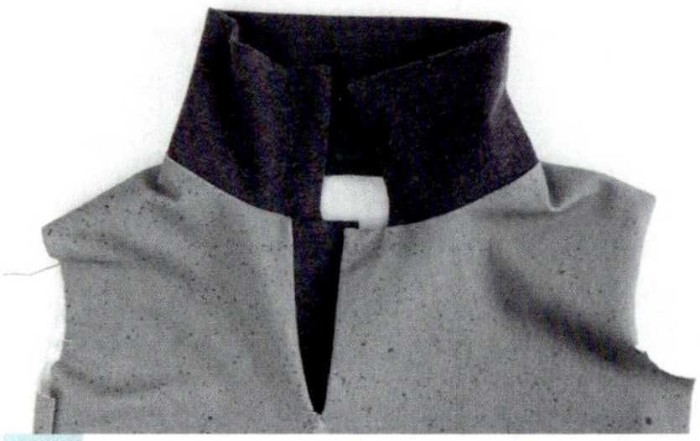

**3** Den Kragen der Länge nach r-a-r legen und an den kurzen Seiten zusammennähen. Die NZG an den Ecken einkürzen, den Kragen wenden und bügeln. Den Kragen annähen (siehe Seite 116).

**4** Die Blende innen an der Unterkante schließen, dafür alle Teile passend aufeinanderlegen und die Kante abnähen, dabei das Shirt nicht mitfassen. Die Blende mit einem Riegel oder Kreuz auf der rechten Stoffseite des Shirts fixieren.

**5** Die NZG am Kragen nach Wunsch in das Shirt legen und von rechts absteppen.

**6** Die Ärmel r-a-r mit der Armkugel markierungsgemäß in die Ausschnitte einpassen, feststecken und annähen.

**7** Die Ärmel der Länge nach r-a-r legen und stecken. Vorder- und Rückenteil an den Seitenkanten bündig r-a-r legen und stecken. Die unteren Ärmelnähte sowie die Seitennähte in einem Arbeitsgang vom Ärmelsaum bis zur Shirtunterkante schließen.

**8** Die Ärmelbündchen r-a-r zum Ring nähen, der Länge nach l-a-l auf halbe Höhe falten, r-a-r an die Ärmelsäume stecken und annähen (siehe Seite 96).

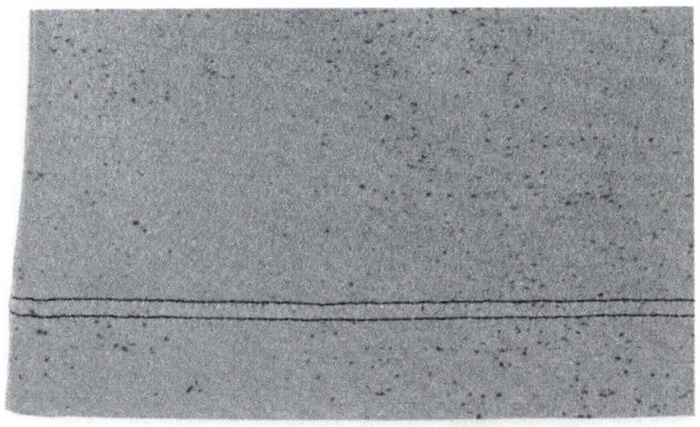

**9** Den Shirtsaum 3 cm nach innen einschlagen, bügeln und mit einem dehnbaren Stich absteppen (siehe Seite 97).

**10** Druckknöpfe oder Snaps an der Blende anbringen.

## TIPP

Es sieht toll aus, wenn du die NZG am Halsausschnitt beim Annähen des Kragens (Schritt 3) gleich mit einem Einfassstreifen versäuberst. Dazu einen 2,5 cm breiten Streifen in ausreichender Länge zuschneiden. Den Streifen kurz vor einer Schulternaht r-a-r auf den Kragen legen und das schmale Streifenende 5 mm auf links umklappen. Den Streifen bis zur anderen Schulternaht feststecken und auch dort das Streifenende 5 mm umklappen. Den Streifen zusammen mit dem Kragen annähen. Den Streifen anschließend um die NZG legen, komplett nach innen klappen und von innen absteppen. So sparst du auch das Absteppen der NZG am Kragen (siehe Schritt 5).

Grösse 98-140 | Schwierigkeitsgrad | Schnittmusterbogen 2A

# Sweater mit Kapuze

## Material

- Stoff 1 (Sweater und Ärmel, Kapuze außen): Sweat in Hellgrau meliert, 140 cm breit, 80 cm (Gr. 98-116)/ 90 cm (Gr. 122-140)
- Stoff 2 (Sweater und Ärmel, Kapuze innen): Sweat in Grün, 140 cm breit, 50 cm (Gr. 98-116)/ 60 cm (Gr. 122-140)
- Stoff 3 (Bündchen): Feinstrickbündchen in Grün, 70 cm breit, 30 cm (Gr. 98-116)/ 40 cm (Gr. 122-140)
- farblich passendes Nähgarn

## Nahtzugaben

Alle Teile mit 1 cm NZG zuschneiden.

## Zuschnitt

Dieses Modell ist für die Pattarina-App verfügbar (siehe Seite 121) oder als Schnittmuster-PDF zum Ausdrucken erhältlich (siehe Seite 119).

Die Schnittmuster für oberes, mittleres und unteres Vorder- bzw. Rückenteil sowie oberen und unteren Ärmel jeweils an den Linien der Teilungsnähte auseinanderschneiden. Den engen Halsausschnitt wählen.

### Stoff 1

1x oberes Vorderteil im Stoffbruch
1x unteres Vorderteil im Stoffbruch
1x oberes Rückenteil im Stoffbruch
1x unteres Rückenteil im Stoffbruch
2x unterer Ärmel im Stoffbruch
2x Kapuze gegengleich

### Stoff 2

1x mittleres Vorderteil im Stoffbruch
1x mittleres Rückenteil im Stoffbruch
2x oberer Ärmel im Stoffbruch
2x Kapuze gegengleich

### Stoff 3

2x Ärmelbündchen
1x Saumbündchen im Stoffbruch (Gr. 98-134)/2x Saumbündchen (Gr. 140)

ANLEITUNG

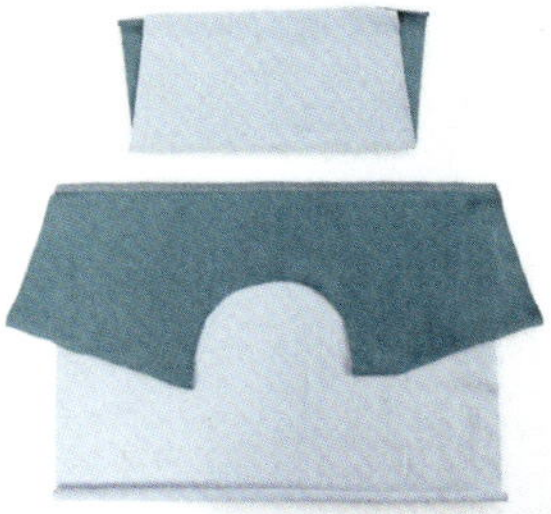

**1** Oberes, mittleres und unteres Vorder- und Rückenteil sowie die oberen und unteren Ärmelteile jeweils an den Teilungsnähten r-a-r zusammennähen.

**2** Die Schnittteile für die Außenkapuze (Stoff 1) sowie die Futterkapuze (Stoff 2) jeweils r-a-r legen und die Scheitelnaht schließen. Die Kapuzen wenden, r-a-r ineinanderlegen und an der vorderen Kante zusammennähen. Die Kapuze wenden und bügeln. Nach Wunsch die vordere Kante absteppen oder einen Tunnel für ein Kordelband nähen.

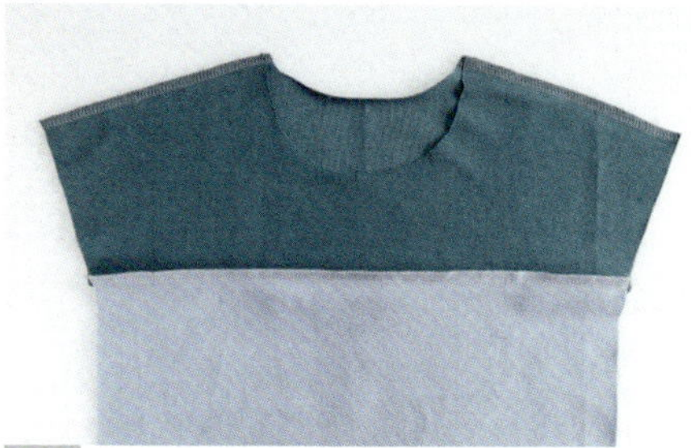

**3** Vorder- und Rückenteil r-a-r an den Schulterkanten bündig aufeinanderlegen und die Schulternähte schließen.

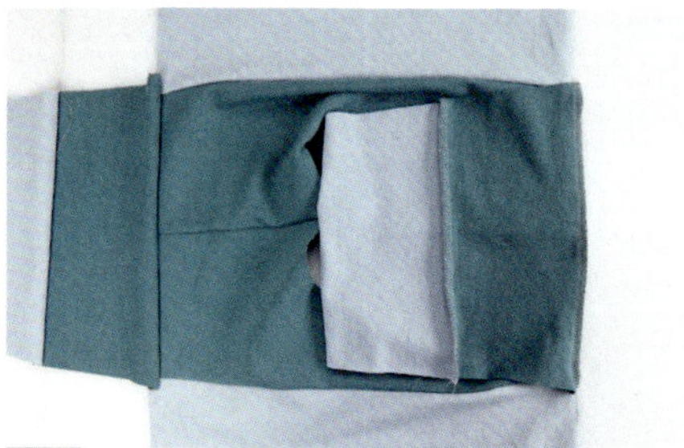

**4** Die Ärmel r-a-r mit der Armkugel markierungsgemäß in die Armausschnitte einpassen, feststecken und annähen.

**5** Die Ärmel der Länge nach r-a-r legen und stecken. Vorder- und Rückenteil an den Seitenkanten bündig r-a-r legen und stecken. Die unteren Ärmelnähte sowie die Seitennähte in einem Arbeitsgang vom Ärmelsaum bis zur Sweaterunterkante schließen.

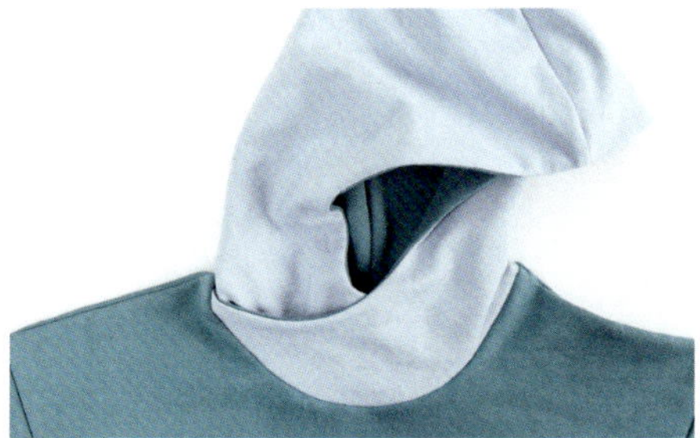

**6** Die Kapuze r-a-r markierungsgemäß in den Halsausschnitt stecken und annähen.

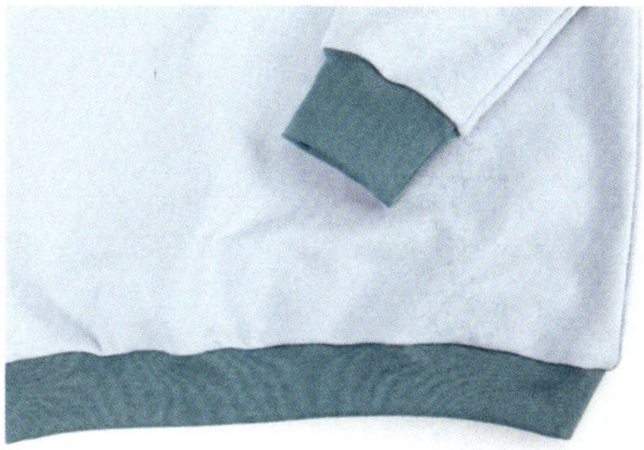

7 Die Ärmel- und Saumbündchen r-a-r zum Ring nähen, der Länge nach l-a-l auf halbe Höhe falten, r-a-r jeweils an die Ärmelsäume sowie die Unterkante stecken und annähen (siehe Seite 96).

Grösse 98-140 | Schwierigkeitsgrad | Schnittmusterbogen 2A

# Cropshirt mit langen Ärmeln

## Material

- Stoff 1 (Cropshirt): Sweat in Biesenoptik in Dunkelblau, 140 cm breit, 70 cm (Gr. 98-116)/ 80 cm (Gr. 122-140)
- Stoff 2 (Bündchen): Feinstrickbündchen in Dunkelblau, 70 cm breit, 20 cm
- farblich passendes Nähgarn

## Nahtzugaben

Alle Teile mit 1 cm NZG, den Saum an der Unterkante mit 3 cm Saumzugabe zuschneiden.

## Zuschnitt

Dieses Modell ist für die Pattarina-App verfügbar (siehe Seite 121) oder als Schnittmuster-PDF zum Ausdrucken erhältlich (siehe Seite 119).

Das Schnittmuster für Vorder- und Rückenteil an der Markierung für das Cropshirt kürzen und jeweils den weiten Halsausschnitt wählen.

### Stoff 1

1x Vorderteil im Stoffbruch
1x Rückenteil im Stoffbruch
2x Ärmel im Stoffbruch

### Stoff 2

2x Ärmelbündchen
1x Halsbündchen im Stoffbruch

## ANLEITUNG

**1** Vorder- und Rückenteil r-a-r an den Schulterkanten bündig aufeinanderlegen und die Schulternähte schließen.

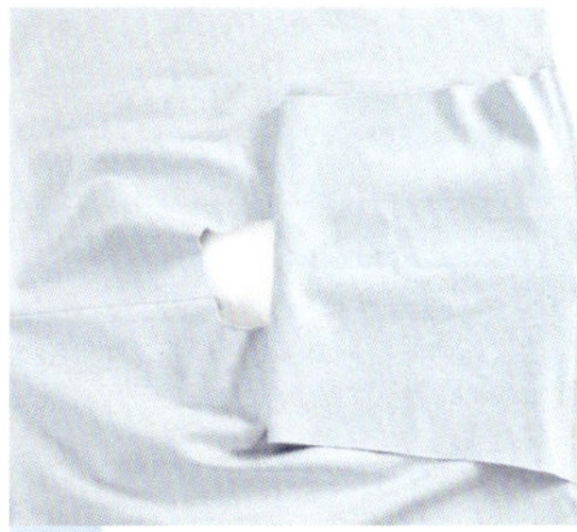

**2** Die Ärmel r-a-r mit der Armkugel markierungsgemäß in die Armausschnitte einpassen, feststecken und annähen.

**3** Die Ärmel der Länge nach r-a-r legen und stecken. Vorder- und Rückenteil an den Seitenkanten bündig r-a-r legen und stecken. Die unteren Ärmelnähte und die Seitennähte in einem Arbeitsgang vom Ärmelsaum bis zur Shirtunterkante schließen.

**4** Ärmel- und Halsbündchen r-a-r zum Ring nähen, der Länge nach l-a-l auf halbe Höhe falten, r-a-r an die Ärmelsäume und den Halsausschnitt stecken und annähen (siehe Seite 96).

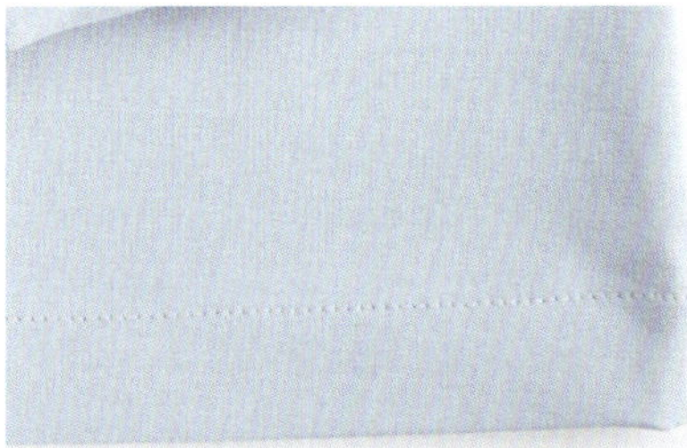

**5** Den Saum 3 cm nach innen einschlagen, bügeln und von rechts mit einem dehnbaren Stich absteppen (siehe Seite 97).

**TIPP**

Unter www.klimperklein.com/freebook-sommertop findest du ein passendes Top, das unter dem Cropshirt getragen wird.

GRÖSSE 98-140

SCHWIERIGKEITSGRAD

SCHNITTMUSTERBOGEN 2A

# TRÄGERKLEID MIT RÜSCHE

## Material

- Stoff 1 (Kleid): Jersey mit Blumen in Rosé, 140 cm breit, 55 cm (Gr. 98-116)/ 65 cm (Gr. 122-140)
- Stoff 2 (Rüsche): Jersey mit Karomuster in Rosa, 140 cm breit, 25 cm
- Stoff 3 (Einfassstreifen): Feinstrickbündchen in Rosé, 70 cm breit, 15 cm
- farblich passendes Nähgarn

## Nahtzugaben

Alle Teile mit 1 cm NZG, den Saum an der Unterkante der Rüsche mit 3 cm Saumzugabe zuschneiden. Am Halsausschnitt sowie den Armausschnitten keine NZG zugeben.

## Zuschnitt

Dieses Modell ist für die Pattarina-App verfügbar (siehe Seite 121) oder als Schnittmuster-PDF zum Ausdrucken erhältlich (siehe Seite 119).

### Stoff 1

1x Vorderteil im Stoffbruch
1x Rückenteil im Stoffbruch

### Stoff 2

2x Rüsche im Stoffbruch

### Stoff 3

1x Einfassstreifen für den Halsausschnitt, 4 cm breit, Länge: Halsausschnittweite x 0,8 plus 2 cm NZG
2x Einfassstreifen für die Armausschnitte, 4 cm breit, Länge: Armausschnittweite x 0,7 plus 2 cm NZG

**1** Die Rüschen passend einkräuseln und jeweils r-a-r an die Unterkante von Vorder- und Rückenteil nähen (siehe Seite 105).

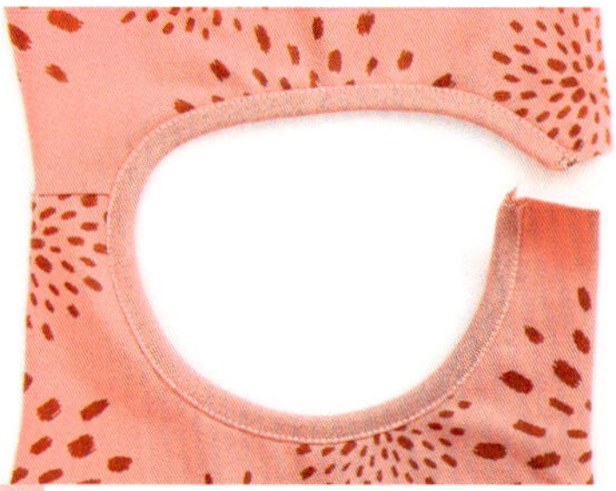

**2** Vorder- und Rückenteil an den Schulterkanten bündig r-a-r aufeinanderlegen und eine Schulternaht schließen. Anschließend den Halsausschnitt einfassen (siehe Seite 102, „Einfassung mit offener Unterseite“).

**3** Vorder- und Rückenteil an den Schulterkanten bündig r-a-r aufeinanderlegen und die zweite Schulternaht schließen. Anschließend die Armausschnitte einfassen (siehe Seite 102, „Einfassung mit offener Unterseite“).

**4** Vorder- und Rückenteil an den Seitenkanten bündig r-a-r legen und feststecken. Die Seitennähte in einem Arbeitsgang bis zur Kleidunterkante schließen.

**5** Den Saum der Rüsche 3 cm nach innen einschlagen, bügeln und von rechts mit einem dehnbaren Stich absteppen (siehe Seite 97).

Grösse 98-140 | Schwierigkeitsgrad ●●● | Schnittmusterbogen 2B

# Gefütterte Jacke mit Taschen

## Material

- Stoff 1 (Jacke außen): Jacquard in Graubraun mit Blitzen in Orange, 140 cm breit, 80 cm (Gr. 98-116)/ 1,15 m (Gr. 122-140)
- Stoff 2 (Jackenfutter und Eingrifftasche): Sweat in Orange meliert, 140 cm breit, 80 cm (Gr. 98-116)/ 1,15 m (Gr. 122-140)
- Stoff 3 (Bündchen): Feinstrickbündchen in Orange, 70 cm breit, 35 cm
- Einlage: Gewebeeinlage (z. B. Vlieseline G 700)
- Stylefix, 2 m
- teilbarer Reißverschluss, 45 cm (Gr. 98-116)/ 50 cm (Gr. 122-140)
- farblich passendes Nähgarn

## Nahtzugaben

Alle Teile mit 1 cm Nahtzugabe zuschneiden.

## Zuschnitt

Dieses Modell ist für die Pattarina-App verfügbar (siehe Seite 121) oder als Schnittmuster-PDF zum Ausdrucken erhältlich (siehe Seite 119).

Beim Vorderteil aus Stoff 1 die runde Eingrifftasche ausschneiden, dazu das Taschenschnittmuster jeweils bündig zur Seitenkante und zur Bündchenlinie auf dem Vorderteil anlegen, den Eingriff markieren und entlang der Linie ausschneiden. Die Taschenbeutel ohne Eingriff zuschneiden.

### Stoff 1

2x Vorderteil gegengleich
1x Rückenteil im Stoffbruch
2x Ärmel gegengleich
2x Kapuze gegengleich
2x Kinnschutz gegengleich

### Stoff 2

2x Vorderteil gegengleich
1x Rückenteil im Stoffbruch
2x Ärmel gegengleich
2x Kapuze gegengleich
2x Taschenbeutel ohne Eingriff gegengleich

### Stoff 3

2x Ärmelbündchen
1x Bauchbündchen im Stoffbruch
2x Streifen für Tascheneingriff, 4 cm breit, 25 cm lang

### Einlage

2x Streifen für Reißverschluss, 5 cm breit, Länge entspricht Kante in der vorderen Mitte

1 Den Bereich auf den Vorderteilen der Futterjacke (Stoff 2), an dem der Reißverschluss angenäht wird, mit den beiden Einlagestreifen verstärken.

2 Für die Außenjacke Vorder- und Rückenteil aus Stoff 1 r-a-r an den Schulterkanten bündig aufeinanderlegen und die Schulternähte schließen.

3 Die Ärmel r-a-r mit der Armkugel markierungsgemäß in die Armausschnitte einpassen, feststecken und annähen.

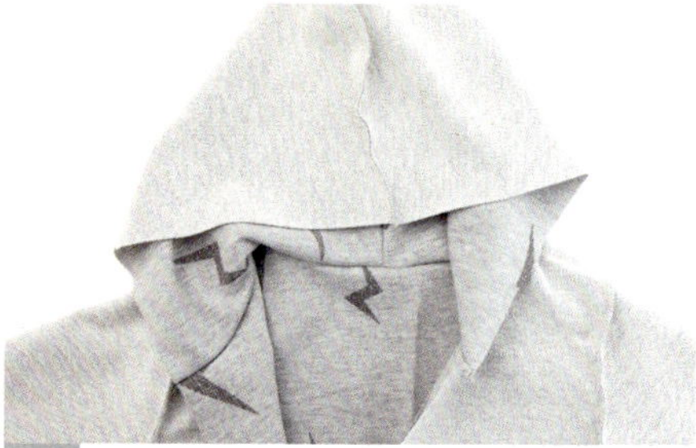

4 Die Kapuzenteile r-a-r stecken und die Scheitelnaht schließen. Die Kapuze r-a-r auf den Halsausschnitt stecken und annähen.

5 Die Futterjacke aus Stoff 2 wie in Schritt 2-4 beschrieben nähen.
**Hinweis:** Praktisch ist es, bei der Futterjacke einen Aufhänger zwischen Kapuze und Rückenteil zu schieben und beim Annähen mitzufassen.

6 Die Streifen für den Tascheneingriff längs l-a-l falten und gedehnt r-a-r an die ausgeschnittenen Tascheneingriffe im Vorderteil nähen. Die NZG in die Jacke legen und von rechts absteppen. Überstehendes Bündchen abschneiden.

7 Die Taschenbeutel jeweils r-a-l auf das Vorderteil der Außenjacke (Stoff 1) stecken (die rechte Stoffseite wird außen am Tascheneingriff sichtbar) und seitlich sowie unten auf die NZG heften. Die Tasche entlang der äußeren Rundung von links im Abstand von 1 cm zum Taschenrand mit stark gesenkter Fadenspannung annähen (= Hilfsnaht). Anschließend die Tasche von rechts und mit normalem Geradstich entlang der eben gesetzten Hilfsnaht annähen. Die Hilfsnaht entfernen.

8 Rücken- und Vorderteile bei Außen- und Futterjacke jeweils r-a-r bündig aufeinanderlegen und die Ärmelnähte sowie die Seitennähte in einem Arbeitsgang bis zur Unterkante der Jacken schließen. Dabei bei der Futterjacke eine 8–9 cm lange Wendeöffnung in einer Seitennaht lassen.

9 Das Bauchbündchen mit einer langen Kante r-a-r gleichmäßig gedehnt an die Unterseite der Außenjacke nähen. Die Unterkante der Futterjacke r-a-r auf die andere lange Seite des Bauchbündchens stecken und annähen. Die Jacke wenden und r-a-r ineinanderstecken. Alle rechten Stoffseiten liegen aufeinander, die linken Stoffseiten sind außen.

10 Die Kinnschutzteile r-a-r legen und an der gerundeten Außenkante mit Geradstich zusammennähen. Wenden und bügeln. Den Kinnschutz auf der linken Seite der Außenjacke (an der Seite befindet sich der Reißverschlussschieber) platzieren. Der Knips trifft auf die Naht zur Kapuze und das kurze Teil liegt auf der Vorderjacke. Diese kurze Strecke innerhalb der NZG fixieren.

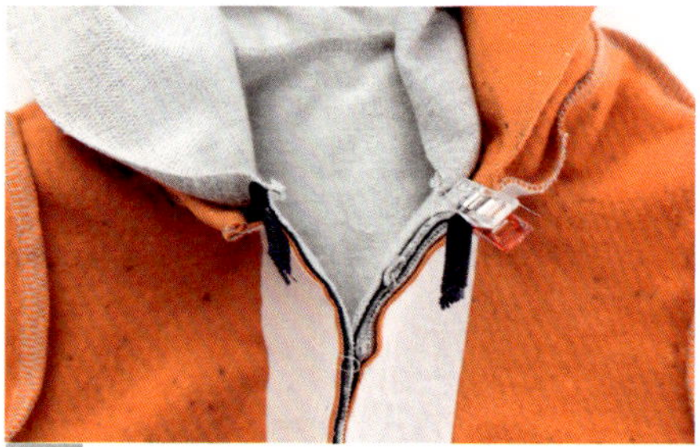

11 Den Reißverschluss passend kürzen und auf beiden Seiten des Reißverschlussbands (vorn und hinten) jeweils Stylefix anbringen. Die Jacke flach auf die Arbeitsfläche legen, dabei darauf achten, dass sich die Nähte des Bündchens an Außen- und Futterjacke sowie die Naht zur Kapuze genau treffen. Die Mitte des Bauchbündchens mit einem Knips oder Stift markieren. Den Reißverschluss mit dem Schieber nach unten auf die linke Vorderjacke kleben, vom Knips am Bündchen bis zum Knips am Kinnschutz. Das überstehende Ende des Reißverschlusses im rechten Winkel zur offenen Seite hin wegklappen. Den Kinnschutz über den Reißverschluss klappen und fixieren. Die Futterjacke mit der entsprechenden Vorderkante auf den Reißverschluss kleben. Mit der rechten Jackenseite genauso (aber ohne Kinnschutz) verfahren.

12 Die Kapuze von Außen- und Futterjacke entlang der Vorderkante mit einigen Nadeln r-a-r fixieren. Nun die Jacke entlang der Vorderseite inklusive Kapuze zusammennähen, dabei gleichzeitig den Reißverschluss einnähen. Dazu auf der Futterjacke, die verstärkt wurde, nähen. Den Reißverschluss mit einem Reißverschlussfüßchen annähen, damit der Abstand zu den Zähnchen passend ist. Die Kapuze an der Vorderkante am besten mit einem dehnbaren Stich oder der Overlock zusammennähen, dabei ca. 2 cm vor Beginn des Reißverschlusses anfangen und den Übergang mit der Nähmaschine nähen. Die Jacke durch die Öffnung wenden.

**13** Die Ärmelbündchen r-a-r zum Ring schließen und wenden. Die Jacke flach hinlegen und darauf achten, dass die Ärmel nicht verdreht sind. Bei der Außen- und der Futterjacke die NZG an den Ärmelsäumen jeweils nach innen klappen und bügeln. Das Bündchen passgenau dazwischenstecken.
Hinweis: Die Ärmelbündchen sehen nun so aus, wie sie fertig genäht aussehen sollten.

**14** Mit der einen Hand das Bündchen halten, mit der anderen Hand durch die Wendeöffnung nach innen greifen und an genau die Stelle greifen, an der das Bündchen gehalten wird. Diese Stelle durch die Öffnung ziehen. Das Bündchen zwischen den Ärmelsäumen, so wie es gegriffen wurde, fixieren. Die Ärmel werden gegeneinander vernäht, das Bündchen liegt dazwischen. Darauf achten, dass die Ärmelsäume Stoff auf Stoff liegen, und das Bündchen annähen. Die Ärmel anschließend wieder in die Jacke wenden.

**15** Die Wendeöffnung schließen (siehe Seite 111). Die Jacke bügeln und nach Wunsch die vorderen Kanten füßchenbreit absteppen.

GRÖSSE 98-140

SCHWIERIGKEITSGRAD

SCHNITTMUSTERBOGEN 2B

# CHECKERHOSE MIT ECHTEN TASCHEN

## MATERIAL

- Stoff 1 (Hose und Taschen): Jeansjersey in Dunkelblau, 140 cm breit, 1,20 m (Gr. 98-116)/ 1,40 m (Gr. 122-140)
- Stoff 2 (Bündchen): Feinstrickbündchen in Dunkelblau, 70 cm breit, 30 cm
- weiches Gummiband (Bauchbund), 3 cm breit, ca. 80 cm
- weiches Gummiband (Beinbündchen), 1 cm breit, ca. 50 cm
- farblich passendes Nähgarn

## NAHTZUGABEN

Alle Teile mit 1 cm Nahtzugabe, die Beinsäume mit 2 cm Saumzugabe zuschneiden. Bündchen für die Tascheneingriffe ohne NZG zuschneiden.

## ZUSCHNITT

Dieses Modell ist für die Pattarina-App verfügbar (siehe Seite 121) oder als Schnittmuster-PDF zum Ausdrucken erhältlich (siehe Seite 119).

Das Schnittmuster für die Hinterhose an der Teilungsnaht in Passe und Unterteil trennen und die Teile einzeln zuschneiden. Am Schnittmuster der Vorderhose die beiden Ecken an der Linie für den Tascheneingriff abtrennen.

Stoff 1

1x Vorderhose im Stoffbruch
1x Hinterhose im Stoffbruch
1x Passe im Stoffbruch
2x vorderer Taschenbeutel gegengleich
2x hinterer Taschenbeutel gegengleich

Stoff 2

1x Bauchbündchen im Stoffbruch
2x Bündchen für Tascheneingriff, 15 cm x 5 cm

## ANLEITUNG

**Hinweis:** Hier kann wie bei der Checkerhose mit Faketaschen (siehe Seite 24) die Teilungsnaht der Hinterhose mit einer Paspel verziert werden. Dazu einen 3 cm breiten Paspelstreifen in der Länge der Teilungsnaht plus 4 cm zuschneiden und gemäß Grundanleitung (siehe Seite 105) an die Teilungsnaht der Hinterhose nähen. Anschließend mit Schritt 1 der Anleitung fortfahren.

**1** Die Passe r-a-r auf die Hinterhose legen, feststecken und annähen. Die NZG in die Passe legen und von rechts absteppen.

**2** Die Bündchen für den Tascheneingriff der Länge nach mittig l-a-l auf 2,5 cm Breite falten, r-a-r auf die Tascheneingriffe der Vorderhose legen, feststecken und leicht gedehnt annähen.

**3** Die vorderen Taschenbeutel jeweils seitengerecht und bündig r-a-r an die Tascheneingriffe legen, feststecken und annähen. Die Beutel zur linken Stoffseite klappen, bügeln und die NZG neben dem Bündchen absteppen.

**4** Die hinteren Taschenbeutel passgenau r-a-r auf die vorderen Taschenbeutel legen, feststecken und an der runden Kante zusammennähen (siehe Seite 107).

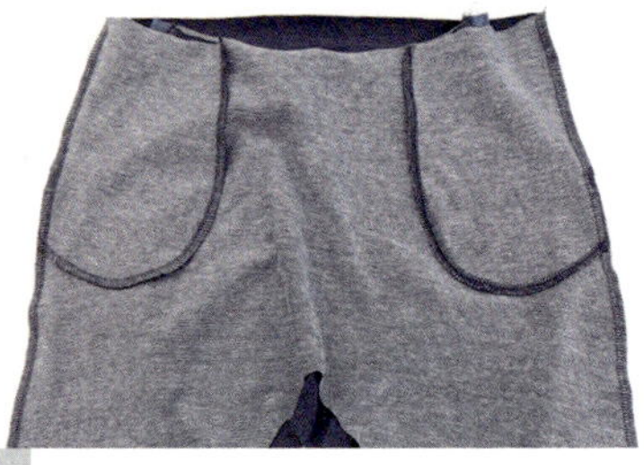

**5** Die Taschenbeutel an der Hosenoberkante und der seitlichen Kante innerhalb der NZG fixieren. Vorder- und Hinterhose r-a-r an den Seitenkanten bündig aufeinanderlegen, feststecken und die Seitennähte schließen.

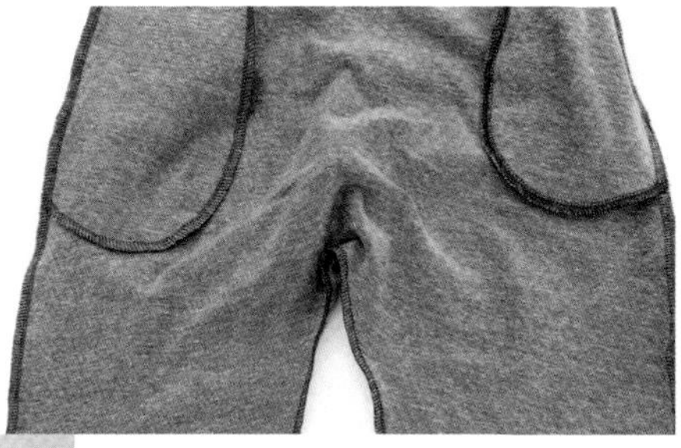

**6** Die Innenbeinkanten bündig aufeinanderlegen, feststecken und die innere Beinnaht schließen.

**7** Das Gummiband auf ca. 80 % der Bundweite plus 2 cm NZG zuschneiden, alternativ die Gummibandlänge am Kind abmessen. Das Gummiband 2 cm überlappend zum Ring zusammennähen.

**8** Das Bauchbündchen r-a-r zum Ring nähen und der Länge nach l-a-l auf halbe Höhe falten. Das Gummiband in den Bund legen und das Bündchen annähen (siehe Seite 99).

**9** Den Gummizugbund an den Beinsäumen nähen (siehe Seite 98).

### TIPP

Es können an den Beinen auch Bündchen wie bei der Checkerhose mit Faketaschen angenäht werden. Dafür das Schnittmuster an der Bündchenlinie kürzen.

GRÖSSE 98-140

SCHWIERIGKEITSGRAD

SCHNITTMUSTERBOGEN 2B

# ROCK MIT A-LINIE

## MATERIAL

- Stoff 1 (Rock und Taschen): Sweat in Schwarz mit Blumenmuster in Pink und Weiß, 140 cm breit, 50 cm (Gr. 98-116)/ 90 cm (Gr. 122-140)
- Stoff 2 (Bündchen): Feinstrickbündchen in Pink, 70 cm breit, 10 cm
- Gummiband, 2 cm breit, 80 cm
- farblich passendes Nähgarn

## NAHTZUGABEN

Alle Teile mit 1 cm NZG, den Saum an der Unterkante mit 3 cm Saumzugabe zuschneiden.

## ZUSCHNITT

Dieses Modell ist für die Pattarina-App verfügbar (siehe Seite 121) oder als Schnittmuster-PDF zum Ausdrucken erhältlich (siehe Seite 119).

### Stoff 1

1x Vorderrock im Stoffbruch
1x Hinterrock im Stoffbruch
2x vorderer Taschenbeutel gegengleich
2x hinterer Taschenbeutel gegengleich

### Stoff 2

1x Bauchbündchen im Stoffbruch

**Hinweis:** Wenn der Stoff eine Bordüre hat, können Vorderrock und Hinterrock auch gegen den Fadenlauf zugeschnitten und die Bordüre an die Rockunterkante angesetzt werden.

## ANLEITUNG

**1** Die vorderen Taschenbeutel jeweils seitengerecht und bündig r-a-r an die Tascheneingriffe des Vorderrocks legen, feststecken und annähen.

**2** Die Taschenbeutel zur linken Stoffseite klappen, bügeln und an der genähten Kante absteppen (siehe Seite 107).

**3** Die hinteren Taschenbeutel passgenau r-a-r auf die vorderen Taschenbeutel legen, feststecken und entlang der runden Kante zusammennähen (siehe Seite 108).

**4** Die Taschenbeutel an der Rockoberkante und der seitlichen Kante innerhalb der NZG fixieren.

**5** Vorderrock und Hinterrock r-a-r legen, feststecken und die Seitennähte schließen.

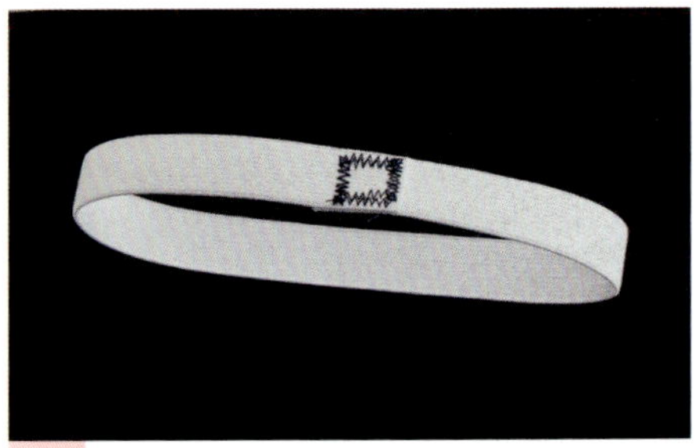

**6** Das Gummiband am Bauchumfang des Kindes abmessen (leicht auf Zug, damit der Rock gut hält) und 2 cm NZG hinzurechnen. Gummi zurechtschneiden und 2 cm überlappend zum Ring zusammennähen.

**7** Das Bauchbündchen r-a-r zum Ring zusammennähen und der Länge nach l-a-l auf halbe Höhe falten. Den Gummi in den Bund legen und das Bündchen annähen (siehe Seite 99).

**8** Den Saum 3 cm nach innen einschlagen, bügeln und von rechts mit einem dehnbaren Stich absteppen (siehe Seite 97).

# JERSEY – WAS IST DAS?

Jersey, auch als T-Shirtstoff bekannt, ist ein Stoff, der nicht gewebt, sondern in Maschen gewirkt bzw. gestrickt wird – anders als die im Allgemeinen als Baumwollstoffe bekannten Webstoffe. Jersey und andere Maschenwaren sind weich und dehnbar und bieten damit einen hohen Tragekomfort. Sie eignen sich bestens für Kinderkleidung, aber auch für bequeme Lieblingsstücke für Erwachsene.

In der Regel sind gestrickte Stoffe in der Breite dehnbar, Stretchjersey bis zu einem gewissen Maß auch in der Länge. Anders als bei Webstoffen spricht man bei Jersey nicht vom Fadenlauf, sondern vom Maschenlauf. Damit ist die Richtung gemeint, in der der Stoff gestrickt wurde. Der Maschenlauf verläuft parallel zur Seitenkante und ist beim korrekten Zuschnitt von großer Bedeutung, damit sich das fertige Kleidungsstück in der richtigen Richtung (senkrecht zum Maschenlauf) dehnen lässt. Im Unterschied zu gewebten Stoffen müssen Jerseystoffe und andere Maschenwaren beim Nähen nicht versäubert werden. Die Kanten ribbeln nach dem Schneiden nicht auf und können daher unversäubert zusammengenäht werden.

## VERSCHIEDENE STOFFARTEN

Je nach Stricktechnik und Maschenbild auf der Vorderseite (rechte Stoffseite) und auf der Stoffrückseite (linke Stoffseite) unterscheidet man zwischen verschiedenen Stoffarten. Die gängigsten sind:

1 **Singlejersey/Trikot** mit rechten Maschen auf der rechten Stoffseite und linkem Maschenbild auf der Stoffrückseite, oft als Stretchjersey mit Elasthananteil

2 **Interlock** mit rechten Maschen auf beiden Seiten

3 **Sweatshirtstoff**, ähnlich wie Singlejersey mit rechten Maschen auf der Vorderseite und Schlingen (3a) oder angerauter Oberfläche (3b) auf der linken Stoffseite

4 **Nickystoff** mit weichem Flor und rechten Maschen auf der Rückseite
5 **Stretchfrottee**, ähnlich wie Nicky, nur mit Schlaufen statt Flor
6 **Fleece**, ein verfilztes Gestrick aus Polyester
7 **Bündchenware**, also fein (7a) oder grob gerippter (7b) Strickstoff mit einem eher hohen Elasthananteil von 5 bis 10 % für Abschlüsse an Hals und Saum
Jersey und Interlock bestehen meist aus Baumwollfasern, denen bisweilen beispielsweise Elasthan beigemischt ist, um ihre Dehnbarkeit und Formstabilität zu erhöhen (Stretchjersey, Bündchenware). Nicky, Sweat und Frottee haben meist einen Polyesteranteil (oft 20 %), Fleecestoffe bestehen für gewöhnlich zu 100 % aus Polyester. Neben der Materialzusammensetzung unterscheiden sich die Stoffe vor allem im Gewicht. Es gibt Aufschluss über die Dicke des Stoffes, die wiederum dessen Einsatzgebiet bestimmt. So eignen sich schwerere Stoffe wie angerauter Sweat gut für Pullis, Hosen und Jacken, Stretchjersey hingegen ist für T-Shirts optimal.

# JERSEY NÄHEN MIT DER NORMALEN NÄHMASCHINE

Jersey zu verarbeiten gelingt auch dem ungeübten Näher mit einer einfachen Haushaltsmaschine, wenn einige wichtige Dinge berücksichtigt werden.

## DIE RICHTIGE NADEL

Zunächst sollte man für ein sauberes Stichbild unbedingt eine Jerseynadel mit 75er bis 90er Stärke verwenden. Sie hat eine abgerundete Kugelspitze und sticht so zwischen den Maschen ein, dass sie nicht verletzt werden. Je nach Hersteller sind Nadeln mit runder Spitze im Handel auch unter der Bezeichnung Stretchnadel erhältlich.
Eine feine Jerseynadel mit maximal 80er Stärke vermindert zudem

das „Fressen“ von Stoff, bei dem der Jersey vor allem zu Nahtbeginn in das Loch der Stichplatte gedrückt und nach unten gezogen wird.

## DER RICHTIGE STICH

Die Stichauswahl der Nähmaschine hängt stark vom Modell ab. Grundsätzlich gilt, dass die Stichauswahl mit steigendem Preis der Maschine größer wird. Doch über die Grundstiche Geradstich und Zickzackstich verfügt jede zeitgemäße Nähmaschine und diese beiden Stiche reichen prinzipiell auch aus.
Wichtig beim Nähen von Jerseystoffen ist die Elastizität der Naht – besonders da, wo der Stoff beim Anziehen oder Tragen stark gedehnt wird, zum Beispiel am Halsausschnitt oder an den Säumen.
Je nach Verfügbarkeit eignen sich folgende Stiche für verschiedene Einsatzgebiete:
Der **Geradstich** (1) ist beim Nähen von Jersey nicht so wichtig wie beim Verarbeiten von Webware. Denn Geradstichnähte sind nur wenig dehnbar. Trotzdem kann im Maschenlauf auch mit Geradstich genäht werden, wenn beispielsweise Bündchen zum Ring genäht werden. Außerdem eignet sich der Geradstich für Steppnähte, die entweder wenig unter Spannung stehen (bei Applikationen, aufgesetzten Taschen) oder auf bereits gedehntem Stoff gearbeitet werden (bei Einfassungen). Über einen **Zickzackstich** (2) verfügt nahezu jede Nähmaschine. Beim Zusammennähen sollte eine kurze Stichlänge gewählt werden, weil sich sonst aufgrund des Zickzackverlaufes des Stichs Lücken in der Naht bilden – umso mehr, je weiter die Einstichpunkte der Zickzacknaht auseinanderliegen. Gewünscht ist ein eher schmaler Zickzackstich mit Zacken, deren Spitzen 2 bis 3 mm Abstand zueinander haben. Grundsätzlich gilt dabei: Je flacher der Zickzackverlauf, desto weniger dehnbar ist die Naht.
Im mäßig spitzen Winkel ermöglicht der Zickzackstich dehnbare Säume oder Steppnähte, und besonders eng eingestellt werden mit ihm Rollsäume gearbeitet.

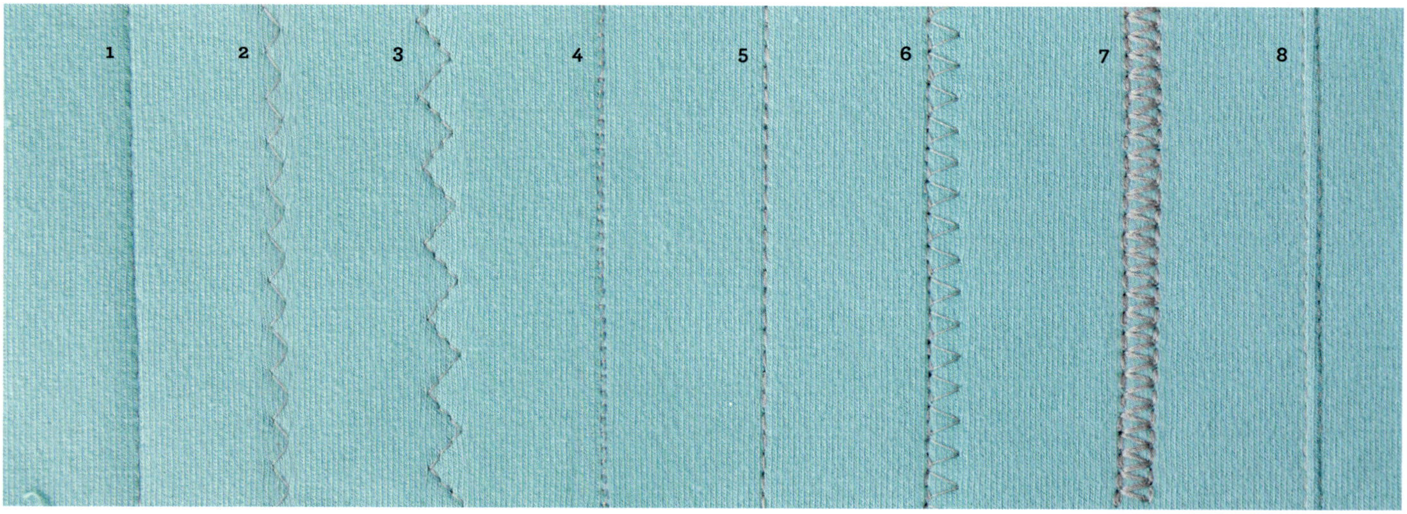

Auch zum Applizieren ist dieser Stich sehr wichtig.
Vor allem zum Säumen und Absteppen von dehnbaren Stoffen eignet sich der **dreigeteilte Zickzackstich** (3). Diese Nähte bleiben besonders dehnbar und überstehen problemlos selbst eine weniger pflegliche Behandlung durch Kleinkinder. Kurz eingestellt, können mit diesem Stich Nähstücke auch zusammengenäht werden.
Der **Elastikstich** (4) verläuft in eher längsgerichteten Zacken – immer vor und zurück nebeneinander. Die Nähte sind schmal und elastisch und damit sowohl zum Zusammennähen als auch für Steppnähte gut geeignet.
Der **dreifache Geradstich** (5) hat eine geringe Elastizität und eine hohe Reißfestigkeit, eignet sich also besonders für Nähte, die große Belastungen aushalten müssen. Die Naht ist sehr dicht und bildet auch bei Zug keine Lücken. Mit dem dreifachen Geradstich lässt sich zudem sehr gut und haltbar Jersey applizieren.
Da durch Elastikstich und dreifachen Geradstich schmale Nähte entstehen, lassen sich die Nahtzugaben bei ihnen stark zurückschneiden. So werden bei Bündchen, Mützen und gedoppelt Genähtem besonders flache Nähte möglich, die weder drücken noch auftragen.
**Pseudo-Overlockstiche** (6 + 7) gibt es in verschiedenen Ausführungen. Sie nähen in einem Arbeitsgang zusammen und versäubern auch zugleich, dabei bleiben die Nähte elastisch. Das ähnelt der Arbeitsweise einer Overlockmaschine (siehe Seite 92). Ein professionelles Aussehen bekommt Kleidung, wenn man beim Absteppen und Säumen zur **Zwillingsnadel** (8) greift. Die Nadeln nähen mit zwei Oberfäden im Geradstich, während der Unterfaden auf der Rückseite im Zickzackstich verläuft. So entstehen zwei akkurat parallel verlaufende, dehnbare Nähte. Dabei sind oft Adaptionen der Fadenspannung nötig, da der Unterfaden wirklich im Zickzack verlaufen muss. Das lässt sich meist durch eine Erhöhung der Oberfadenspannung erreichen.

## HÄUFIGE PROBLEME VERMEIDEN

Beim Nähen von Jersey treten gelegentlich einige Schwierigkeiten auf, die sich jedoch mit ein paar kleinen Tricks leicht umgehen lassen.
Das häufigste Problem beim Verarbeiten von dehnbarer Maschenware ist, dass sich die **Nähte unschön wellen**. Vor allem beim Absteppen ist das häufig zu beobachten. Ursache dafür ist, dass der Stoff beim Nähen gedehnt wird. Deshalb ist es sehr wichtig, den Stoff nur vorsichtig unter der Maschine zu führen und auf keinen Fall zu ziehen. Besitzt die Maschine einen verstellbaren Nähfußdruck, sollte man ihn am besten stark reduzieren. So wird von oben weniger Druck auf den Stoff ausgeübt. Auch ein zuverlässiger Transport ist essenziell. Ein **Obertransportfüßchen**, das es für die meisten handelsüblichen Maschinen als Zubehör gibt, kann dabei von großem Nutzen sein.

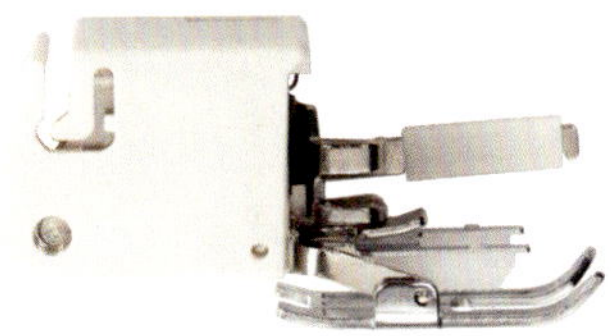

Alternativ hilft es, ein Stück **ausreißbares Stickvlies** zuunterst mitlaufen zu lassen. Der Transporteur der Maschine kann so besser greifen, der Stoff wird stabilisiert und vor dem Ausdehnen bewahrt. Das Vlies wird anschließend wieder entfernt. Ist kein Stickvlies zur Hand, hilft auch ein Stück **Küchenrolle**. Diese Hilfsmittel kommen auch bei Applikationen auf Jersey zum Einsatz.

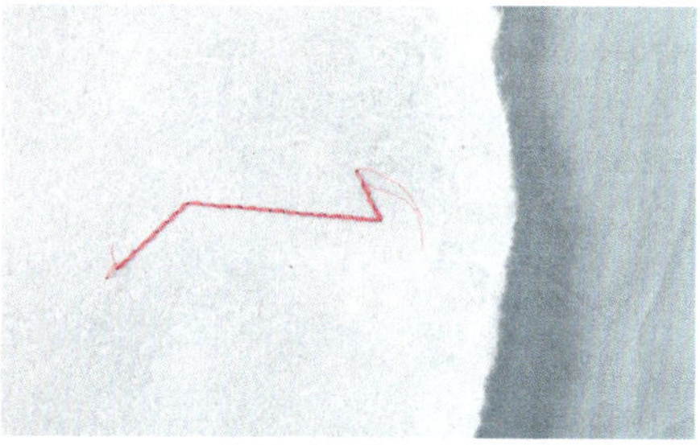

Am Nahtanfang kann es vorkommen, dass die Nadel (vor allem, wenn sie zu dick oder zu stumpf ist) den Stoff in das Loch der Stichplatte hineindrückt. Hier spricht man auch von **„Stofffressen"**. Um dieses Phänomen zu vermeiden, hält man Ober- und Unterfaden am Nahtbeginn fest und zieht sie ganz sanft nach hinten weg, sobald man zu nähen beginnt. So kann der Stoff nicht eingezogen werden, da ihn die Fäden oben halten und der Transport über die Öffnung unterstützt wird.

# OVERLOCK & CO. – SPEZIELLE NÄHMASCHINEN

Besonders professionell werden die Nähergebnisse, wenn mit einer Overlockmaschine oder einer Coverlock gearbeitet wird. Beide Maschinen sind zwar nicht wirklich notwendig, doch die Anschaffung einer Overlock kann sich für begeisterte Hobbynäherinnen schon sehr schnell lohnen. Sie bedeutet eine enorme Arbeitserleichterung.

## OVERLOCKMASCHINEN

Mit der Overlockmaschine werden Kanten meist mit vier Fäden – zwei Nadelfäden und zwei Greiferfäden – gleichzeitig zusammengenäht und versäubert. Das Messer der Overlock kann die Kante dabei nach Bedarf während des Nähens zusätzlich auf die richtige Breite zurückschneiden.

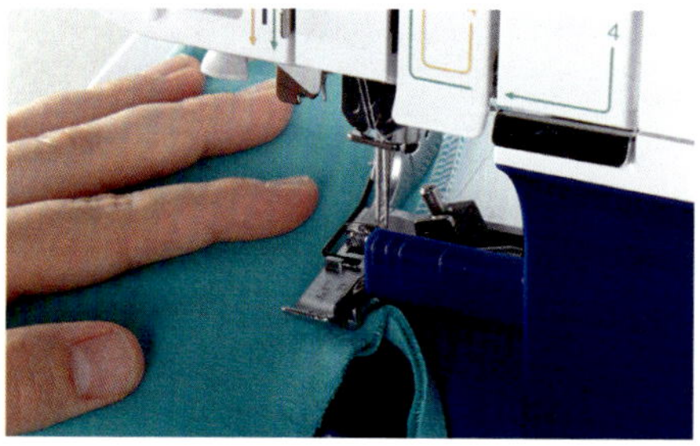

Overlocknähte sind nicht nur ausgesprochen dehn- und belastbar, eine Overlock näht auch wesentlich schneller als eine Haushaltsnähmaschine. Außerdem sind viele Overlockmaschinen mit einem Differenzialtransport ausgestattet, der feine und dehnbare Stoffe besonders gleichmäßig transportiert.

Neben der vierfädigen Overlocknaht sind auch dreifädige mit nur einem Nadelfaden üblich. Diese Nähte werden schmaler und eignen sich gut für Mützen, Unterwäsche und Bademode, also überall dort, wo Nähte möglichst wenig auftragen sollen und nicht besonders großer Belastung ausgesetzt sind.

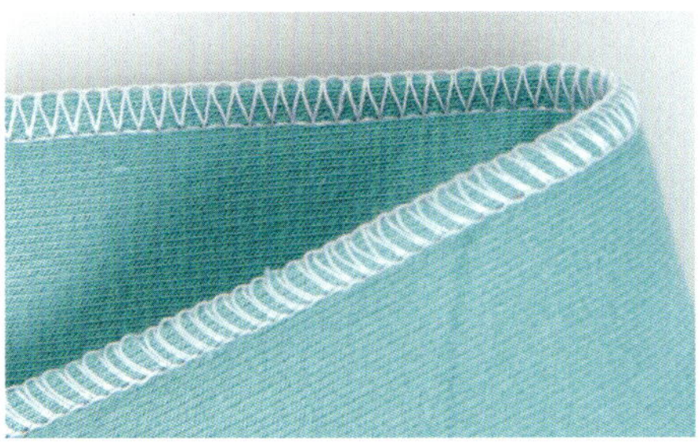

### COVERMASCHINEN

Noch spezieller ist eine Covermaschine, die nur bei Säumen und Ziernähten zum Einsatz kommt. Auf der Oberseite nähen eine bis drei Nadeln im Geradstich, während der Greiferfaden sich breit dazwischen aufspannt. Das Ergebnis ähnelt dem einer Zwillingsnadel, ist jedoch meist dehn- und haltbarer. Die Rückseite der Covernaht wird häufig als Ziernaht verwendet.

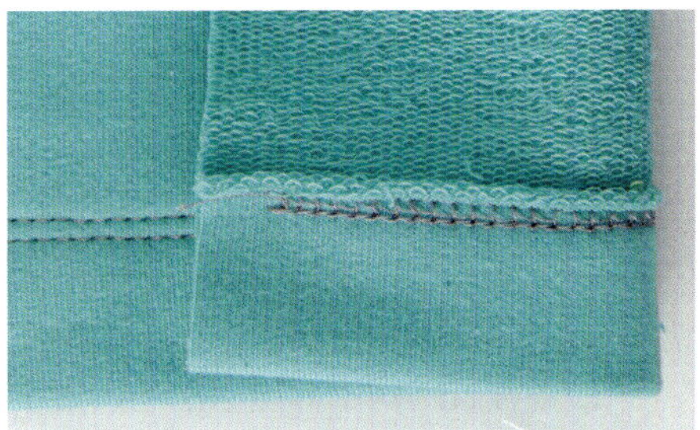

In der Industrie benutzt man zusätzlich spezielle **Flatlockmaschinen**, deren Nähte oben wie unten der Rückseite einer Covernaht ähneln. Solche Maschinen sind für den Hausgebrauch jedoch nicht üblich. Sie nähen Einzelteile aus dehnbaren Stoffen Stoß auf Stoß aneinander. Diese Nähte sind besonders flach und werden gerne für Sportbekleidung verwendet. Einige wenige Kombimaschinen aus Cover- und Overlock haben einen Top-Bottom-Stich, der optisch dem Flatlockstich spezifischer Maschinen ähnelt. Viele Overlockmaschinen haben eine Flatlockfunktion, bei der die Kanten zunächst auf die übliche Weise aufeinandergenäht und anschließend auseinandergezogen werden, sodass sie im Endergebnis aneinanderstoßen. Diese Technik spielt im Alltag zwar keine wichtige Rolle, kann jedoch beispielsweise als modische Ziernaht am Saum eingesetzt werden.

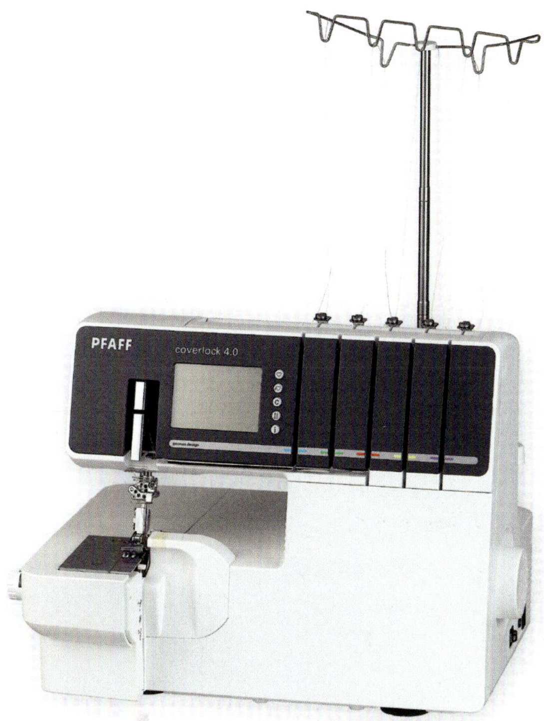

# KLEIDUNG NÄHEN – TECHNIKEN

## SCHNITTMUSTER

Die Schnittmuster der Anleitungen in diesem Buch befinden sich auf den beiliegenden Schnittmusterbögen. Bevor man sie benutzen kann, müssen sie mithilfe von Schnittmusterpapier oder Folie übertragen werden. Dafür gibt es spezielles Papier im Fachhandel.

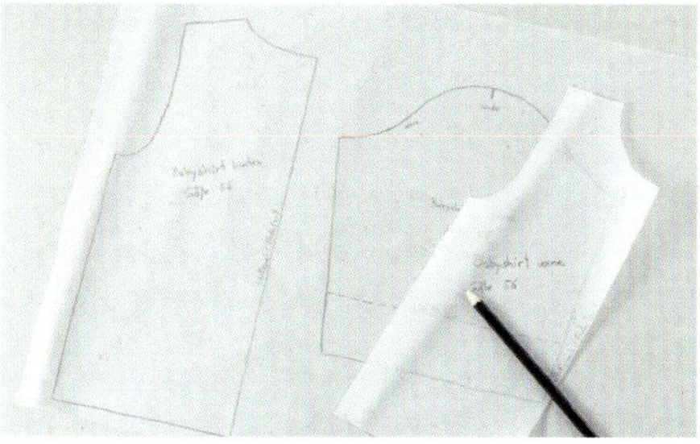

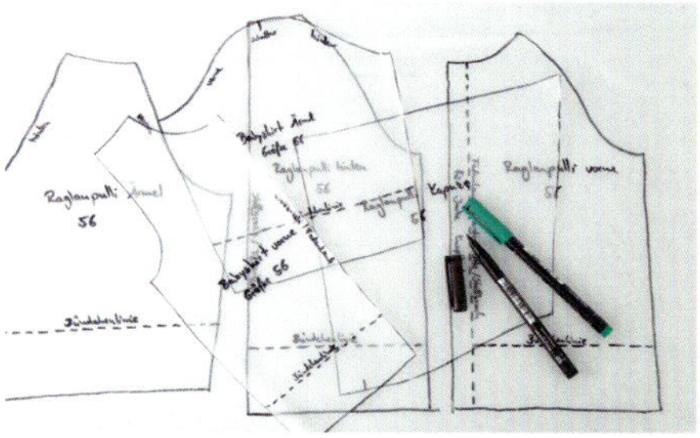

Als günstige Alternative kann man auch Baufolie aus dem Baumarkt verwenden. Das Papier oder die Folie wird auf den Schnittmusterbogen gelegt, das Schnittmuster in der gewünschten Größe mit einem (Folien-)Stift abgepaust und anschließend ausgeschnitten.

Alle Schnittmuster sind, falls nicht ausdrücklich anders angegeben, ohne Nahtzugabe, d. h., die Naht verläuft jeweils entlang der Außenlinie der Schnittmuster. Um Schnittteile jedoch überhaupt zusammennähen zu können, braucht man eine sogenannte **Nahtzugabe**, also etwas zusätzlichen Stoff außerhalb der Nahtlinie. Die Breite der Nahtzugabe hat auf die Passform keinen Einfluss, da es sich um Stoff abseits der Naht handelt. Für die meisten Zwecke hat sich eine Nahtzugabe von 0,5 bis 1,5 cm bewährt, prinzipiell bleibt die Breite aber dem individuellen Geschmack überlassen. Meist geht man von einer Nahtzugabe von 1 cm aus.

Beim Nähen mit der Overlock sollte die Nahtzugabe entsprechend der Stichbreite gewählt oder überschüssige Breite beim Nähen abgeschnitten werden.

Bei allen Anleitungen in diesem Buch ist angegeben, welche Schnittteile für ein Modell benötigt werden. Diese wählt man auf dem Bogen aus, paust sie ab und schneidet sie mit der Papierschere aus. Dabei darf man nicht vergessen, auch alle Markierungen mit zu übertragen und die Papierteile zu beschriften.

Manche Kleidungsstücke können an Ärmeln oder Beinen mit oder ohne Bündchen genäht werden. Wird ein Bündchen angesetzt, muss das Schnittmusterteil jeweils entlang der Bündchenlinien (= eingerückte Linien im passenden Strichmuster) gekürzt werden, um nach dem Annähen der Bündchen wieder die richtige Länge zu haben.

## ZUSCHNITT

Das ausgeschnittene Schnittmuster auf die linke Stoffseite auflegen und aufzeichnen.

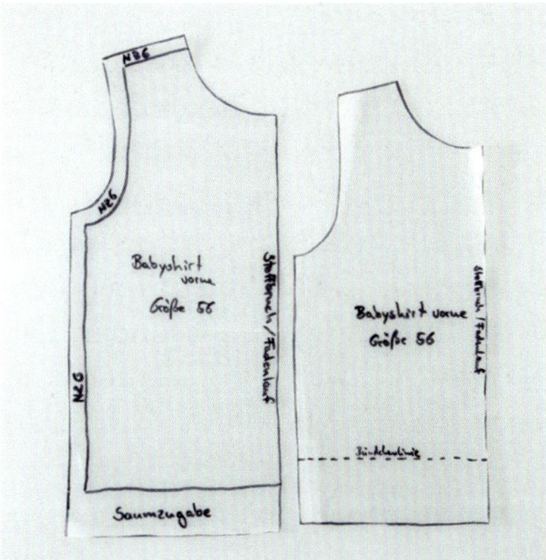


Die Nahtzugabe kann direkt beim Abpausen um das Schnittmuster herum auf dem Papier oder der Folie angezeichnet oder erst beim Zuschneiden des Stoffes hinzugefügt werden.

Beim Zuschneiden von Jersey und anderer Maschenware ist es sehr wichtig, den **Maschenlauf/ Fadenlauf** zu beachten. Dieser ist im Schnittmuster mit einem Pfeil angegeben und muss beim Auflegen auf den Stoff stets parallel zur Seitenkante verlaufen, also entlang der feinen Längsrippen auf der rechten Stoffseite. Quer zum Maschenlauf sind Jersey und andere Maschenware nämlich am dehnbarsten.

Symmetrische Teile, z. B. Vorder- und Rückenteil, werden **im Stoffbruch** zugeschnitten. Dazu den Stoff entlang des Maschenlaufes rechts auf rechts falten (dabei eventuelle Musterverläufe beachten) und das Schnittmuster mit der als „Stoffbruch" bezeichneten Linie entlang der Faltlinie anlegen.

Ärmel, Hosenbeine und Kapuzen werden gewöhnlich in doppelter Stofflage zugeschnitten. Dafür zunächst den Stoff rechts auf rechts aufeinanderlegen und im Anschluss das Schnittmuster auf dem Stoff platzieren. Danach beide Lagen zusammen zuschneiden. So erhält man zwei **gegengleiche Teile**, also eine rechte und eine linke Seite.

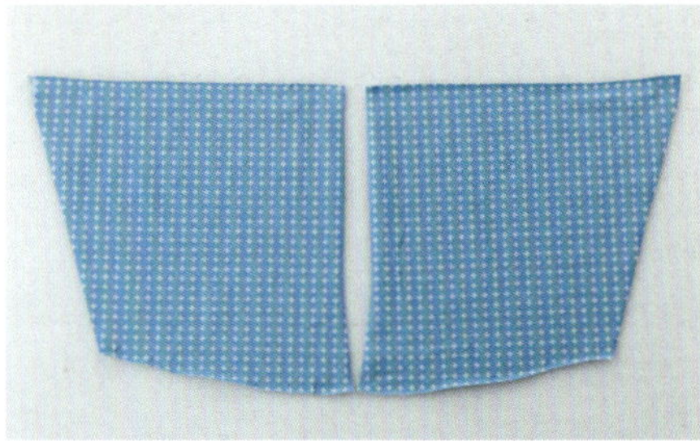

Jerseystoffe rollen sich häufig an den Schnittkanten ein. Befestigt man die Schnittmuster sorgfältig mit Stecknadeln auf dem Stoff, erleichtert dies das Zuschneiden. Bügeln und Sprühstärke mindern dieses Phänomen ebenfalls etwas.

## NÜTZLICHE HELFER

Maschenware lässt sich besonders bequem mit **Schneidematte** und **Rollschneider** zuschneiden, da der Stoff dabei nicht angehoben und bewegt werden muss und sich infolgedessen weniger leicht verzieht: Die Schnittmuster dann auf dem Stoff mit Gewichten beschweren und mit dem Rollschneider umfahren. Ein Abstandhalter hilft dabei, eine gleichmäßige Nahtzugabe bequem einzuhalten. Er ist als Zubehör im Handel erhältlich.

Zum Zuschneiden von Bündchen- und Einfassstreifen erweist sich ein **Quiltlineal** als wertvolles Hilfsmittel. Streifen von bestimmter Breite können so einfach und durch vorheriges Falten des Stoffes auch auf voller Stoffbreite zugeschnitten werden.

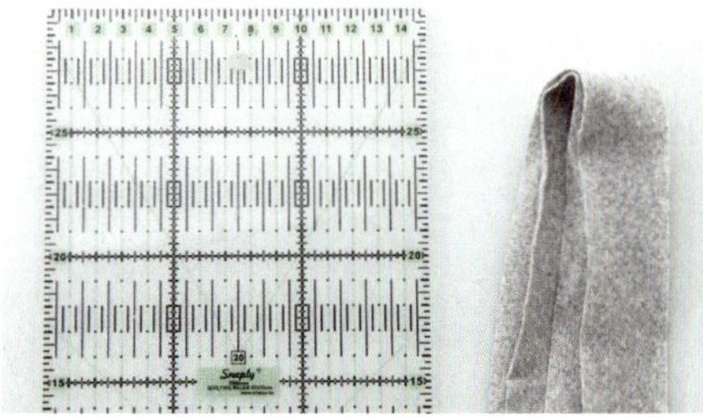

## BÜNDCHEN ANNÄHEN

Auch die Bein-, Bauch- und Ärmelbündchen finden sich in diesem Buch als Schnittteile auf dem Schnittmusterbogen. Sie werden unter Zugabe von Nahtzugabe und unter Beachtung des Maschenlaufs zugeschnitten. Letzteres ist für die Dehnbarkeit besonders wichtig.

Wird statt zu säumen oder ein Gummi einzunähen mit Bündchen genäht, werden die entsprechenden Schnittteile von Ärmeln, Bein und Bund entsprechend der Bündchenlinien (eingerückt, im passenden Größenmuster) kürzer zugeschnitten.

Alle Bündchen werden zunächst zum Ring genäht. Dafür die kurzen Seiten rechts auf rechts aufeinanderlegen und mit (dreifachem) Geradstich, Elastikstich, einem Pseudo-Overlockstich oder der Overlockmaschine zusammennähen.

Wird ein schmaler Stich eingesetzt, kann die Nahtzugabe anschließend auf ca. 3 mm zurückgeschnitten und auseinandergefaltet bzw. -gebügelt werden.

Nun die Bündchen links auf links falten bzw. umstülpen. Sie sind jetzt nur noch halb so hoch wie vorher, die rechte Stoffseite liegt außen.

Um die Bündchen gleichmäßig gedehnt einzunähen, Arm- und Beinbündchen mit Stecknadeln in zwei Hälften einteilen, Halsbündchen vierteln. Die Ausschnitte analog dazu einteilen. Anschließend die Bündchen mit den Markierungsnadeln aufeinandertreffend in die Ausschnitte stecken und mit einem dehnbaren Stich annähen.

Damit eine gleichmäßige Dehnung gelingt, jeweils nur die Strecke zwischen zwei Nadeln

dehnen und nähen. Dann erst die nächste Stecknadel entfernen, den nächsten Abschnitt dehnen und zusammennähen. Dabei unbedingt immer ausschließlich das Bündchen dehnen und nicht den Stoff des Kleidungsstückes.
Am besten näht man innen auf dem Bündchen, die Nadelstange fungiert dabei als Freiarm. So gelingt auch das Annähen kleiner Bündchen problemlos.
Anschließend die Nahtzugaben in das Kleidungsstück legen und mit einem dehnbaren Stich absteppen, beispielsweise mit einem Zickzack-, Elastik- oder dreifachen Geradstich. Auch dehnbare Zierstiche, wie z. B. der Wabenstich, eignen sich hierfür prima. Da sich diese Nähte allerdings besonders gerne wellen, sollte man – ist die Problematik bekannt – darauf verzichten oder durch reduzierten Nähfußdruck oder Obertransportfuß entgegenwirken.

## SÄUMEN

Da Kleidungsstücke aus Jersey dehnbar sind, müssen auch ihre Säume dieser Dehnung standhalten. Jersey ribbelt nicht auf und muss deshalb prinzipiell nicht gesäumt werden. Modische Akzente lassen sich zum Beispiel auch mit einer Overlocknaht als Abschluss setzen. Trotzdem wird Jerseykleidung normalerweise mit einem einfachen Umschlag gesäumt oder mit einem Rollsaum oder dessen Variation, dem Wellensaum, versehen. Wer eine Covermaschine besitzt, benutzt diese.

### Klassischer Saum

Ein 2 bis 3 cm breiter, einfacher Umschlag nach innen ist der klassische Saum bei Jerseystoffen. Er wird beim Ausschneiden als Saumzugabe zum Schnittmuster hinzugefügt.

Für den klassischen Saum nach dem Zusammennähen die Saumzugabe nach innen umschlagen, gut bügeln und feststeppen.

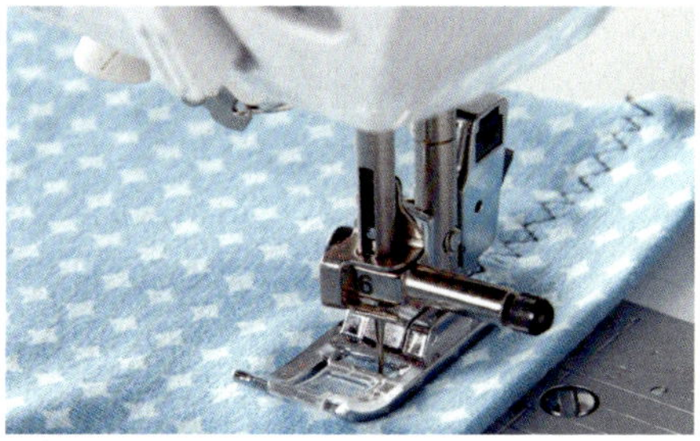

Mit einer **Overlockmaschine** kann die Unterkante vor dem Umschlagen versäubert werden. Das verleiht der Kante mehr Stabilität, verhindert ein Einrollen und erleichtert das Säumen. Gerundete Kanten an Kleidern und Röcken können durch ein leicht gesteigertes Differenzial beim Versäubern mit der Overlockmaschine leicht eingehalten (also leicht gerafft) werden und lassen sich anschließend leichter umschlagen.

Zwar ist Bügeln bei den meisten Näherinnen unbeliebt, beim Säumen jedoch unerlässlich.
Säume sollten stets mit einem **elastischen Stich** genäht werden. Bei einer normalen Nähmaschine sind dafür Zickzackstiche ideal,

insbesondere der dreigeteilte Zickzackstich oder aber die Zwillingsnadel. Einen schönen Effekt erzielen auch breite Zierstiche, wie zum Beispiel der Wabenstich.

Näht man **von der rechten Stoffseite aus**, wird die Naht sauberer. Für einen gleichmäßigen Abstand zur Kante orientiert man sich an den Führungslinien der Nadelplatte. Alternativ kann man ein farbiges Klebeband aufkleben, um den Saum mit einer eigenen Markierung zu führen. Farblich zum Stoff passendes Garn verzeiht kleine Ungenauigkeiten, Kontrastgarn erzielt tolle Effekte.
Natürlich kann man auch **von der linken Stoffseite aus** entlang der Oberkante des Umschlags nähen. Dazu sollte man allerdings unbedingt einen oben und unten identischen Stich (Zickzackstich) einsetzen.

## GUMMIZUGBUND ODER -SAUM

Es gibt verschiedene Möglichkeiten, den Bauchbund oder die Beinabschlüsse mit Gummizugbünden zu versehen. Vor allem für größere Kinder ist das eine schöne Alternative zu Bündchen. Gummiband im Bauchbund sorgt für einen besseren Sitz und kann ein Bündchen am Bauch auch ergänzen.

### Eingenähtes Gummi

Diese Technik ist sehr einfach und eignet sich vor allem für schlichte Hosen ohne Fronttaschen, wie beispielsweise für Leggings. Auch coole Bein- oder Ärmelabschlüsse lassen sich auf diese Weise arbeiten.
Man braucht dazu ein 2 bis 3 cm breites, weiches Gummiband mit einer Länge von rund 80 % des Bauchumfangs bzw. des Umfangs des Hosenbeins/Ärmels plus einer Zugabe von 1 cm pro Seite.
Der jeweilige Saum wird mit einer Saumzugabe zugeschnitten, die der Breite des verwendeten Gummibandes entspricht.
Das Gummiband zunächst 2 cm breit überlappend zum Ring legen und mit Gerad- oder Zickzackstich zusammennähen. Den Ring bündig zum Rand auf die linke Stoffseite des Bunds stecken und entlang der Kante mit einem breiten Stich (Zickzackstich, Pseudo-Overlockstich, Overlockstich mit arretiertem Messer) aufnähen.

Das Gummi so zur Innenseite einschlagen, dass der Stoff straff um das Gummiband herum liegt und die angenähte Gummibandseite die Unterkante bildet. Nun das Gummi auf Bundweite dehnen und die obere Seite knappkantig feststeppen.

Dabei kann ein beliebiger Stich gewählt werden. Da auf dem gedehnten Gummi genäht wird, enthält die Naht in jedem Fall eine Reserve für die Dehnung.

### Gummi im Tunnel

Eine zweite Möglichkeit für einen Gummizug ist, das Kleidungsstück mit Tunnel am Bund zu arbeiten und das Gummiband erst anschließend einzuziehen. Diese Technik eignet sich vor allem bei schmalen Gummibändern (0,5 bis 1 cm Breite), wie etwa an Bein- oder Ärmelsäumen.
Die Kante des Saumes nach Belieben mit der Overlockmaschine versäubern, 0,5 bis 1 cm breiter als das verwendete Gummiband umschlagen und bügeln. Anschließend den Umschlag ringsherum knappkantig festnähen, dabei eine 2 bis 3 cm lange Öffnung lassen.

Das Gummiband mithilfe einer Stopf- oder Sicherheitsnadel durch den Tunnel ziehen. Den Bund durch das Gummi auf die gewünschte Weite raffen und die Gummienden mit Geradstich zusammennähen. Das geschlossene Gummi durch die Öffnung in den Tunnel stecken und den Tunnel schließen. Dabei die Steppnaht des Tunnels 2 cm pro Seite überlappend vervollständigen.

### Angesetzter Gummibund

Vor allem bei Hosen mit Fronttaschen ist ein angesetzter Bund sinnvoll. Hier wird ein Streifen Hosenstoff auf Weite des Hosenbundes zugeschnitten (bei der Verwendung von Bündchenstoff auf 80 % der Weite). Der links auf links gefaltete Streifen sollte so hoch wie das Gummiband plus 1,5 cm Nahtzugabe und etwas Spielraum sein.
Für ein 3 cm breites Gummi beispielsweise einen 9 cm hohen Streifen zuschneiden, zu einem Ring schließen, links auf links auf 4,5 cm Höhe falten und bügeln (siehe auch „Bündchen annähen“, Seite 96).

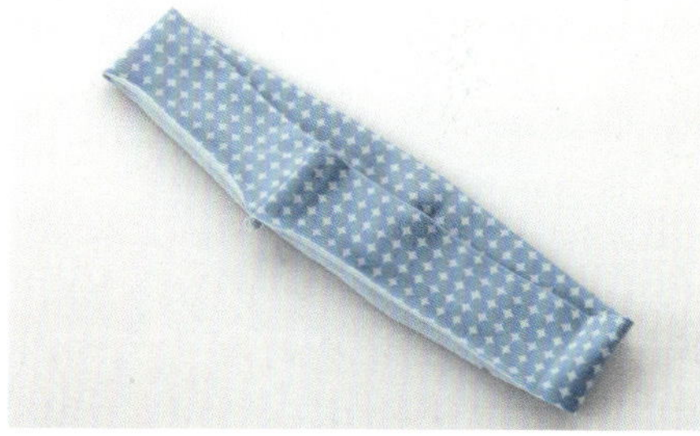

Danach das Gummiband mit einer Länge von 80 % des Bauchumfangs bzw. des Hosenbundes zum Ring nähen und in den gefalteten Bund zwischen die linken Stoffseiten legen.

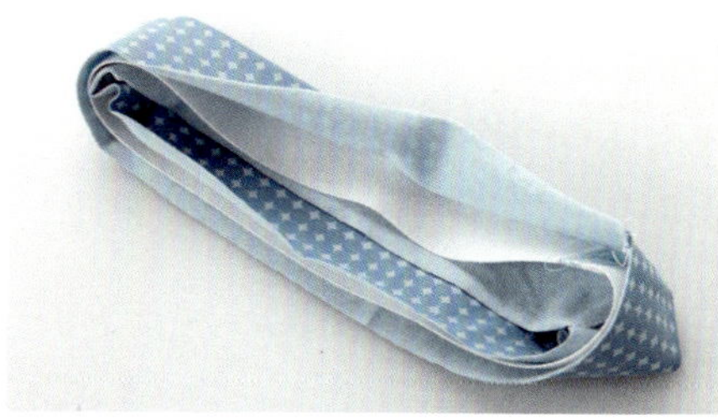

Gummi- und Hosenbund jeweils mit Stecknadeln in vier Abschnitte einteilen und den Ring gleichmäßig gedehnt annähen. Damit sich das Gummi im Stofftunnel nicht verdreht, den Bund im gedehnten Zustand noch ein- oder zweimal ringsherum mit Geradstich steppen.

Abschließend kann die Nahtzugabe wie beim Bündchen in die Hose gelegt und von rechts abgesteppt werden.

## Einfassen

Um die Kanten eines aus Jersey gefertigten Kleidungsstückes abzuschließen, gibt es neben dem einfachen Säumen noch die Möglichkeit, die Kante mit einem Streifen aus Bündchenware oder Stretchjersey zu versehen. Das sogenannte Einfassen gelingt ebenfalls mit Falzgummi, Schrägband aus Webware ist hingegen weniger geeignet.

In diesem Buch kommen oft Kantenabschlüsse aus Jersey- bzw. Bündchenstreifen zum Einsatz. Sie werden quer zum Maschenlauf zugeschnitten und haben eine nach fertiger Breite und verwendeter Nahtzugabe definierte Höhe, die meistens ca. 4 cm beträgt.

Die Streifen können entweder links auf links gefaltet und angenäht oder auf unterschiedliche Weise (unten offen oder geschlossen) um die Kante herumgelegt und anschließend abgesteppt werden. Dabei ist die Falttechnik technisch einfacher, während die um die Kanten gelegte Methode etwas eleganter wirkt. Bei beiden Verfahren müssen ein paar Grundsätze beachtet werden, und es braucht ein wenig Übung, um schöne und professionelle Ergebnisse zu erzielen.

### Das richtige Material

Als Material für Kantenabschlüsse sollte man stets Stoff mit einem Elasthananteil von mindestens 5 % wählen, also **Stretchjersey** oder handelsübliche **Bündchenstoffe**. Die damit garantierte Elastizität sorgt dafür, dass die Kanten des Kleidungsstückes auch in Rundungen gut anliegen, sofern man die Streifen beim Nähen unterschiedlich stark dehnt.

Bei Bündchenstoffen unterscheidet man zwischen Rippbündchen und Feinstrickbündchen. Beide sind in unterschiedlichen Qualitäten erhältlich: von ganz weich und dehnbar bis relativ steif und stabil. Für die Faltmethode eignen sich fast alle Bündchenstoffe, für Einfassungen hingegen sind eher dünne Feinstrickbündchen oder Stretchjerseys optimal.

### Die richtige Naht

Zum Annähen und Absteppen der Streifen kann man einen normalen, nicht zu kurz eingestellten **Geradstich** (Länge 2,5–3) verwenden. Das klingt zunächst ungewöhnlich, erklärt sich aber aus der Tatsache, dass die Nähte überall da, wo sie später elastisch sein müssen, auf bereits gedehntem Material gearbeitet werden. Die Naht zieht sich anschließend

mitsamt dem gedehnten Streifen zusammen und enthält sozusagen schon eine Dehnungsreserve in sich.
Außerdem kommen zum **Annähen** Overlock- oder Pseudo-Overlockstiche infrage sowie der schmale Zickzackstich, Elastikstich oder dreifache Geradstich. Fürs **Absteppen** gut geeignet sind geteilte und ungeteilte Zickzackstiche, die Zwillingsnaht, elastische Zierstiche und natürlich die Covermaschine, sofern vorhanden. Das Absteppen mit Zickzackstichen hat dabei nicht nur den Vorteil, die volle Dehnbarkeit der Nähte zu erhalten, sondern steigert auch noch die Trefferquote und liefert gerade Anfängern meist ein saubereres Nähergebnis.
Beim Absteppen ist eine **Anpassung des Nähfußdrucks** ratsam. Ein niedriger Nähfußdruck reduziert effektiv das unerwünschte Wellen bei Steppnähten oder weichen Rippbündchen. Verfügt die Maschine nicht über einen regulierbaren Nähfußdruck, kann das Unterlegen von (Stick-)Vlies (alternativ von haushaltsüblicher Küchenrolle) oder der Einsatz eines Obertransportfußes eine Alternative sein.

## Die richtige Dehnung

Sowohl beim Einfassen als auch bei der Faltmethode ist die richtige Dehnung des Streifens beim Annähen von großer Bedeutung. Sie sorgt für einen guten Sitz und eine schöne Optik. Bevor man sich für viel, wenig oder keine Dehnung entscheidet, muss man sich überlegen, wie sich die fertige Kante verhalten soll.
**Gerade Kanten** werden meist mit ungedehnten Abschlüssen versehen, damit sie am fertigen Kleidungsstück flach und gerade liegen. Eine Ausnahme bilden die **Ärmelsäume**. Durch Dehnen liegen hier die Kanten genau wie Bündchen näher am Arm. Das sorgt für eine bessere Passform und wächst länger mit.

**Runde Kanten** erfordern je nach Form mehr oder weniger Dehnung. Hier soll das Kleidungsstück anliegen, ohne dass die Kanten ungewollt einklappen oder abstehen. Dafür wird der Streifen bei **Innenrundungen** (z. B. beim Halsausschnitt) gedehnt angenäht. Bei **Außenrundungen** wird der Streifen ungedehnt fixiert.

## Der Zuschnitt

Die Streifen sollen der Länge nach dehnbar sein und werden daher quer zum Maschenlauf zugeschnitten. Ihre Höhe ergibt sich aus der gewählten Technik, aus der Breite des fertigen Kantenabschlusses und aus der verwendeten Nahtzugabe, wobei sich die beiden letzten Werte bei Einfassungen annähernd entsprechen.
Die fertige Breite und die Nahtzugabe sollen in den folgenden Rechenbeispielen jeweils 1 cm breit sein:
Für die **Faltmethode** ergibt das eine Streifenhöhe von 4 cm nach der Formel 2x fertige Breite + 2x Nahtzugabe.
Für **unten offene Einfassungen** errechnet sich eine Höhe von 3,5 bis 4 cm nach der Formel 3x Nahtzugabe/fertige Breite + 0,5 bis 1 cm Sicherheitszugabe (zum Abschneiden).
**Unten geschlossene Einfassungen** benötigen Streifen mit einer Höhe von 4 cm, ermittelt nach

der Formel 4x Nahtzugabe/fertige Breite.
Beim Zuschneiden des Kleidungsstückes erhalten alle Kanten, die anschließend eingefasst oder mit gefaltetem Bündchen versehen werden, keine Nahtzugabe. Die Außenkante des fertigen Kleidungsstückes ist also deckungsgleich mit der Schnittkante.

## Kantenabschluss mit gefaltetem Bündchenstreifen

Zunächst ein oder mehrere Streifen in einer Gesamtlänge entsprechend der Länge der einzufassenden Kante und einer nach der Formel 2x fertige Breite + 2x Nahtzugabe ermittelten Höhe zuschneiden: Bei einer fertigen Breite von 1 cm und einer Nahtzugabe von 1 cm macht das eine Höhe von 4 cm.

Den Streifen der Länge nach links auf links falten. Dies ergibt einen gedoppelten Streifen von 2 cm Höhe.

Den doppelten Bündchenstreifen mit der offenen Kante entlang der Stoffkante auf der rechten Seite des Kleidungsstücks anlegen und entsprechend der Regeln zu geraden und gebogenen Kanten (siehe oben) mehr oder weniger gedehnt feststecken und annähen.

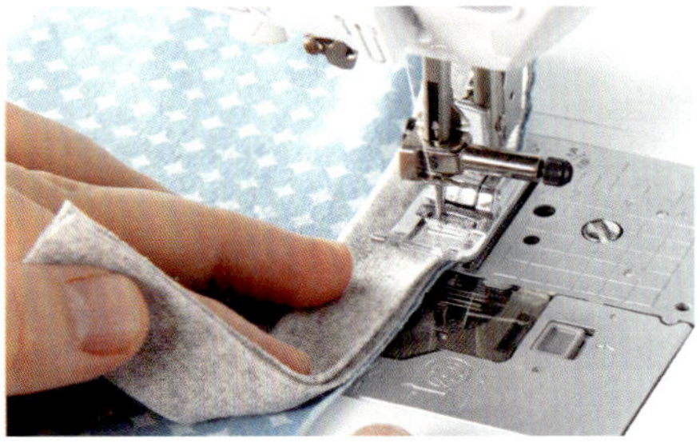

Zum Annähen am besten die Overlock oder einen Pseudo-Overlockstich verwenden, der die dreifache Nahtzugabe sauber zusammenfasst. Bei einem schmalen Stich können die Kanten anschließend mit einer Zickzacknaht zusammengefasst werden.
Anschließend die Nahtzugabe in das Kleidungsstück legen und die Naht bügeln. Bei Bedarf von rechts mit einem geeigneten Stich (Geradstich, Zickzack, Zierstich) absteppen.

## Einfassung mit offener Unterseite

Bei der Einfassung mit offener Unterseite kommen Streifen mit einer Höhe von 3,5 bis 4 cm zum Einsatz, errechnet nach der Formel 3x fertige Breite/Nahtzugabe + 0,5 bis 1 cm Sicherheitszugabe (zum Abschneiden). Die fertige Breite und die Nahtzugabe entsprechen einander und werden hier als 1 cm angenommen. Diese Technik eignet sich gut für Bündchenstoffe und Stretchjersey.
Den Streifen rechts auf rechts unter Einhaltung der Nahtzugabe entlang der Kante annähen, dabei die richtige Dehnung beachten. Der Streifen liegt beim Annähen mit voller Breite auf der rechten Stoffseite des Kleidungsstücks.

Den Streifen straff um die Kante nach links umschlagen. Auf der Rückseite überragt er jetzt die erste Naht um den Betrag der Sicherheitszugabe.

Die Einfassung von der rechten Seite aus knappkantig mit einem geeigneten Stich (z. B. Gerad- oder Zickzackstich, Zwillingsnadel) absteppen und dabei den Umschlag fixieren, der sich auf der linken Stoffseite befindet.

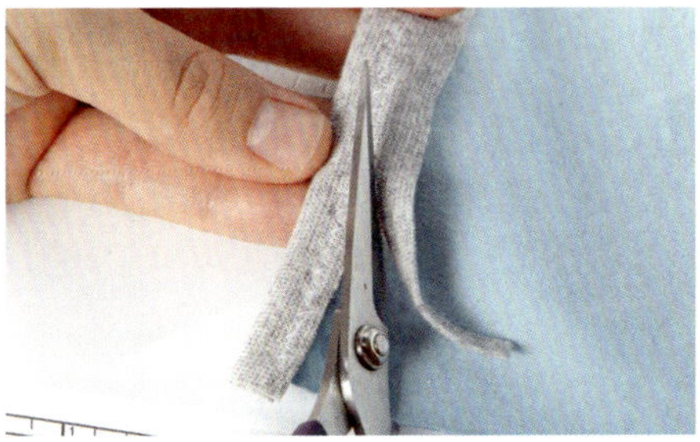

Den Umschlag vorsichtig entlang der Naht auf der Rückseite zurückschneiden.

## Zusammennähen der Kanten

Häufig werden die Einzelteile des Kleidungsstücks erst nach dem Abschließen mit Jersey- oder Bündchenstreifen zusammengenäht. Diese Kanten sind oft relativ dick und neigen dazu, sich beim Zusammennähen gegeneinander zu verschieben.

Das vermeidet man, indem man die Kanten zunächst innerhalb der Nahtzugabe mit Geradstich aufeinander fixiert. Beim Zusammennähen am besten zu Beginn der Naht die Fäden vom Nahtanfang greifen und während der ersten Stiche behutsam nach hinten wegziehen. Das unterstützt den Transporteur von Nähmaschine oder Overlock. Die Kante am Nahtanfang ist meist auch nach dem Zusammennähen noch prominent und sieht unsauber aus. Das lässt sich leicht ändern, indem man die Nahtzugabe zur Seite faltet (gewöhnlich in Richtung Rückseite des Kleidungsstückes) und von rechts mit Geradstich auf Breite der Einfassung bzw. des Streifens feststeppt.

## Sonderfall Ausschnitte

Sollen Arm- oder Halsausschnitte eingefasst oder mit gefaltetem Bündchen versehen werden, können diese an einer Schulter- oder Seitennaht offen gelassen, mit einem Abschluss versehen und danach fertig zusammengenäht werden.

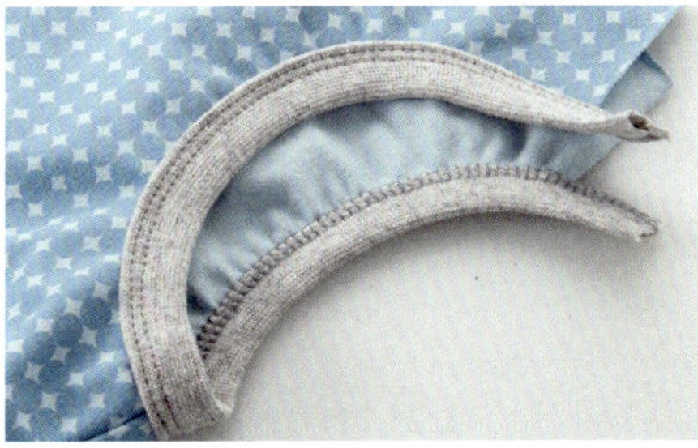

Alternativ kann man das Kleidungsstück zunächst vollenden und erst danach die Bündchen-/Jerseystreifen mit einer Länge von Ausschnittweite x 0,7 bis 0,8 (je nach Dehnbarkeit) zuschneiden, zum Ring zusammennähen und ringförmig einnähen. Dabei ist es wichtig, auf eine gleichmäßige Dehnung zu achten. Ausschnitt und Streifenring zunächst mithilfe von Stecknadeln in zwei bis vier Teile einteilen und danach passend in den Ausschnitt stecken, bevor man sie gleichmäßig zwischen den Nadeln gedehnt einnäht (siehe „Bündchen annähen“, Seite 96).

### Einfassen mit der Covermaschine

Besitzer einer Covermaschine können zum Einfassen einen Bandeinfasser verwenden. Diese hilfreiche Apparatur faltet vorgeschnittene Jersey- oder Bündchenstreifen von vorgegebener Breite automatisch, sodass die Stoffkante nur hindurchgeführt werden muss, um eine perfekte Einfassung zu erhalten.

Für Strickstoffe sollten diese Bandeinfasser am besten mit einem Rechen ausgestattet sein, der den Streifen zu führen hilft. Es gibt sie mit unten offener oder geschlossener Faltung. Einige wenige Hersteller bieten diese Einfasser auch für die Nähmaschine an.

## RAFFEN

Beim Raffen eines Stoffes werden kleine Fältchen gelegt, die für eine romantische Optik und mehr Volumen sorgen, zum Beispiel bei Röcken oder Rockteilen von Kleidern. Diese Technik ist bei Webware sehr verbreitet, sie eignet sich aber genauso gut für Jerseystoffe. Hier werden zwei verschiedene Techniken vorgestellt.

### Raffen mit Gummiband

Eine sehr einfache Methode, Jersey zu raffen, ist die Verwendung eines transparenten Gummibandes, auch Framilongummi genannt. Dafür das Gummiband auf die Länge zuschneiden, die das fertig geraffte Teil haben soll.

Anschließend das Gummiband mit einem schmalen Zickzack- oder Geradstich auf der rechten Stoffseite innerhalb der Nahtzugabe gedehnt aufnähen. Dabei können auch nur einzelne Abschnitte des Gummibandes gedehnt werden, z. B. für mittige Raffungen. Beim Zusammennähen der Teile verschwindet das Gummiband zwischen den Nahtzugaben und kann so nicht kratzen.

Das Gummiband zieht sich nach dem Annähen wieder zusammen und die Raffung hat direkt die gewünschte Breite. Außerdem ist sie elastisch – ein weiterer Vorteil für das Verarbeiten von Jerseystoffen.

### Raffen mit Nähfaden

Um Stoff durch eine Naht zu raffen, den Geradstich in großer Stichlänge einstellen und die Oberfadenspannung auf nahezu null senken. Danach im zu raffenden Bereich innerhalb der Nahtzugabe eine gerade Naht nähen. Dabei unbedingt zu beiden Seiten ausreichend Nähfaden stehen lassen, Nahtanfang und -ende nicht mit Rückstichen sichern.

Den Stoff entlang des Unterfadens zusammenschieben, bis die gewünschte Breite erreicht ist. Dann die Fadenenden verknoten und das geraffte Teil weiterverarbeiten. Anschließend die Rafffäden entfernen.

> **TIPP**
>
> **Ein noch gleichmäßigeres Ergebnis erhält man, wenn man eine zweite Naht ca. 2 cm unterhalb der ersten näht und beide gleichmäßig rafft. Die Fäden der zweiten Naht nach dem Zusammennähen entfernen.**

### Paspel einnähen

Eine in der Naht mitgefasste Paspel ist eine sehr hübsche Art, farbliche Akzente zu setzen, und wertet jedes Kleidungsstück optisch auf.

Auch bei Jersey kann herkömmliches Paspelband verwendet werden, sofern die Naht beim Anziehen oder Tragen nicht unter Spannung steht. Eine tolle Lösung für dehnbare Stoffe ist allerdings ein in der Naht mitgefasster, schmaler, gefalteter Streifen Jersey oder Bündchenstoff.

Zunächst muss entschieden werden, wie breit die fertige Paspel werden soll. Empfehlenswert sind etwa 5 mm. Dann wird ein Streifen aus dem gewünschten Stoff quer zum Maschenlauf zugeschnitten. Die Länge entspricht dabei der Länge der Naht, die mit der Paspel versehen werden soll. Die Höhe berechnet sich aus der Nahtzugabe + fertige Paspelbreite x 2. Bei einer Nahtzugabe von 1 cm und einer Paspelbreite von 5 mm macht das beispielsweise 3 cm. Im Folgenden wird beispielhaft eine Raglannaht eines T-Shirts beschrieben.

Den Streifen links auf links auf halbe Höhe falten und bügeln. An der Nähmaschine einen Geradstich mit eher langer Stichlänge einstellen und, falls möglich, den Nähfußdruck senken. Dann den Paspelstreifen mit der offenen Seite entlang der Kante anlegen und mit der Nähmaschine füßchenbreit, also etwa 8 mm vom Rand entfernt, annähen.

Ärmel und Vorder- bzw. Rückenteil miteinander verbinden. Damit die Paspel dabei eine gleichbleibende Breite hat, liegen die Ärmel stets unten. So kann man die Naht sehen, mit der die Paspel fixiert wurde. Nun jede Raglannaht knapp innerhalb dieser Naht nähen. Das gelingt am besten mit der Nähmaschine. Wird eine Overlock verwendet, näht man die Teile zunächst mit Geradstich zusammen und fasst anschließend die Nahtzugabe mit der Overlock zusammen.

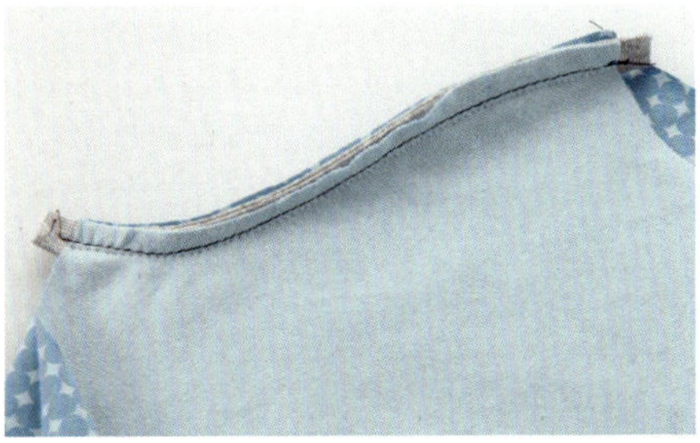

Die Nahtzugabe der Raglannähte in die Ärmel legen und die Nähte bügeln, bei Bedarf absteppen. Das T-Shirt wie gewohnt fertignähen.

## Taschen

Taschen zum Sammeln kleiner Schätze werten jedes Kleidungsstück auf und machen es zum Lieblingsstück von Kindern. Dabei sind vor allem Bauchtaschen bei Pullis und aufgesetzte Taschen an Hosen relativ leicht zu nähen und ein praktischer Hingucker.

### Bauchtasche

Die Bauchtasche für Pullis wird im Stoffbruch plus 1 cm Nahtzugabe zugeschnitten. An den Eingriffen erhält sie in der Regel als Versäuberung Bündchenstreifen, die man jeweils 5 cm breit zugeschnitten und danach links auf links auf 2,5 cm Breite gefaltet hat. Die Nahtzugaben werden in die Tasche gesteppt.

Besitzer einer Overlockmaschine können anschließend Ober-, Unter- und Seitenkanten der Tasche versäubern, das verleiht ihnen etwas mehr Stabilität und macht das Annähen leichter.
Die Nahtzugaben an Oberkante und Seitenkanten nun zur linken Stoffseite umbügeln. Anschließend die Tasche entsprechend dem Stoffbruch vom Zuschnitt mittig zusammenfalten und den Stoffbruch bügeln. So erhält man eine reversible Markierung der Mittellinie. Mit dem Vorderteil des Pullovers ebenso verfahren, auch hier ist nun die vordere Mitte durch den Falz im Stoff markiert.

Die Tasche entlang dieser gebügelten Linien und mit den Unterkanten bündig genau mittig auf dem Vorderteil feststecken. Anschließend die Oberkante und die Seitenkanten mit einer oder zwei Reihen Geradstich annähen, dabei Nahtanfang und -ende gut mit Rückstichen sichern.

Die Unterkante der Tasche mit großer Stichlänge an die Unterkante des Pullovers heften, um das Annähen des Bauchbündchens zu erleichtern. Den Pullover nun wie gewohnt fertignähen.

**TiPP**

Soll der Pullover gesäumt genäht werden, kann die Unterkante der Tasche nicht in der Bündchennaht verschwinden. Sie wird deshalb wie die anderen Kanten entlang der Nahtzugabe umgebügelt und auf Höhe der Bündchenlinie (Schnittmuster) aufgelegt und festgesteppt.

## Hosentaschen

### Fronttasche

Die vorne aufgesetzten Fronttaschen werden in doppelter Stofflage (also gegengleich) zugeschnitten. Dabei fügt man ringsherum eine Nahtzugabe von 1 cm hinzu, einzig den Eingriff schneidet man ohne Zugabe zu. Hier näht man einen Bündchenstreifen an oder fasst die Kante ein, ohne die Streifen zu dehnen. Die Nahtzugabe wird in die Tasche gebügelt und eventuell abgesteppt.

Besitzer einer Overlock können jetzt die restlichen Kanten versäubern.

Die Nahtzugaben der Kanten zur linken Stoffseite bügeln und die Taschen an der passenden Seite auf die Vorderteile der Hose legen, bündig zur Ober- und Seitenkante der Hose. Nun die Taschen beispielsweise mit Geradstich aufnähen. Dabei oben beginnen, den Nahtanfang sichern, die Naht knappkantig bis zur Seitenkante fortführen und das Nahtende sichern. Damit die weitere Verarbeitung einfacher geht, Ober- und Seitenkante der Tasche innerhalb der Nahtzugabe auf der Hose festheften. Anschließend die Hose wie beschrieben zusammennähen.

### Vordere Eingrifftasche

Den vorderen und hinteren Taschenbeutel seitengerecht und bündig rechts auf rechts an den Tascheneingriff der vorderen Hose stecken und annähen.

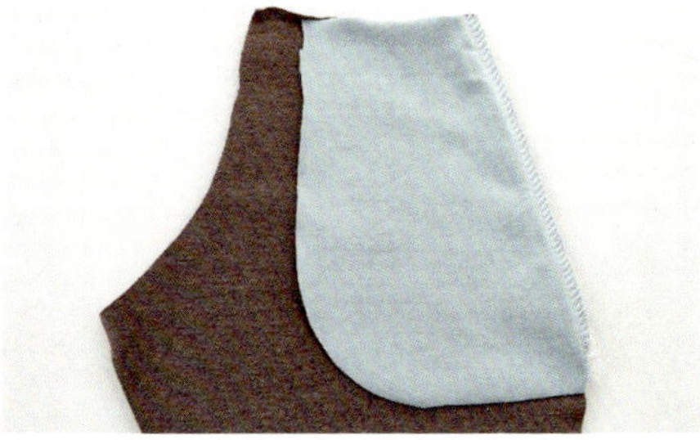

Den Taschenbeutel links auf links zur linken Stoffseite der Hose umklappen, den Eingriff bügeln und absteppen.

Den unteren Taschenbeutel rechts auf rechts bündig an den oberen Taschenbeutel stecken und die runde Kante zusammennähen.

Die Taschenbeutel für ein leichteres Weiterverarbeiten seitlich und oben innerhalb der Nahtzugabe an die Vorderhose heften.

Die Hose jeweils wie beschrieben fertigstellen.

### Aufgesetzte Tasche

Diese Taschen werden bis auf die Oberkante mit 1 cm Nahtzugabe zugeschnitten. Die Oberkante erhält als Umschlag für den Tascheneingriff eine Zugabe von 3 cm. Für mehr Stabilität können die Kanten mit der Overlock versäubert werden.

Zunächst die Zugabe am Tascheneingriff gemäß der Markierung rechts auf rechts umklappen. Den Umschlag seitlich unter Einhaltung der Nahtzugabe festnähen, dabei Nahtanfang und -ende mit Rückstichen sichern. Die Ecken zurückschneiden, den Umschlag wenden und bügeln.

Die Nahtzugaben der Tasche zur linken Stoffseite umbügeln. Die Taschen an der gewünschten Stelle auf der Hose platzieren, feststecken und knappkantig aufnähen. Dabei den Eingriff aussparen. Die Nahtenden sorgfältig mit Rückstichen sichern.

### Faketasche

Den Bündchenstreifen der Länge nach gefaltet r-a-r auf den Eingriff legen und auf der NZG fixieren, die Schnitt- bzw. offenen Kanten liegen bündig aufeinander.

Die Faketaschen r-a-r auf die Bündchenstreifen legen und annähen, dabei die Bündchen mitfassen.

Die überstehenden Ecken abschneiden.

Die NZG ins Vorderteil klappen und von rechts absteppen. Die Ecken auf der NZG fixieren.

Die Hose wie in der Anleitung beschrieben fertig nähen.

## APPLIKATIONEN

Jersey eignet sich hervorragend zum Applizieren, da die Kanten nicht ausfransen. Die Applikationen können mit Geradstich oder dreifachem Geradstich aufgenäht und so auch kleine Details unkompliziert gearbeitet werden.

Zum Applizieren werden Jerseyreste und zusätzlich doppelseitig klebendes Bügelvlies, z. B. Vliesofix, benötigt. Diese Einlage hat ein Trägerpapier, auf das das Motiv der Applikation übertragen wird. Dieses Papier ist semitransparent, weshalb Vorlagen einfach durchgepaust werden können.

Nach dem Übertragen das Motiv grob ausschneiden und das Klebevlies mit dem Trägerpapier nach oben auf die linke Stoffseite bügeln. Dabei den Maschenlauf beachten, gewöhnlich sollte er senkrecht verlaufen.

Das Motiv gemeinsam aus Stoff und Papier ausschneiden, danach die Trägerfolie entfernen. Jetzt kommt die Klebeschicht zum Vorschein.

Das Motiv mit der rechten Stoffseite nach oben an der gewünschten Stelle platzieren, die Klebeschicht liegt unten. Das Motiv durch Bügeln vorläufig fixieren und anschließend festnähen. Komplexere Applikationen lassen sich dabei Schicht für Schicht von unten her aufbauen.

Zum endgültigen Festnähen eignen sich ein einfacher oder dreifacher Geradstich oder ein Zickzackstich. Die Garnfarbe sollte man nach dem gewünschten Effekt wählen: Farblich passendes Garn sieht am saubersten aus und verzeiht kleine Ungenauigkeiten. Kontrastfarbenes Garn sieht wie gezeichnet aus, vor allem wenn man mehrere Runden Geradstich näht.
Da beim Applizieren die Gefahr sehr groß ist, dass der Jersey gequetscht wird und Wellen schlägt, sollte man zusätzlich eine Lage ausreißbares Stickvlies unterlegen. Das stabilisiert, und die Nähte lassen sich präziser nähen.

## Kleidungsstücke verzieren

### Akzente mit SnapPap

SnapPap, ein waschbares, pappeähnliches Material aus Zellulose und Latex in Lederoptik, eignet sich bestens für allerlei Verzierungen an Kleidungsstücken, zum Beispiel:

- als Verstärkung und Dekoration unter Ösen an Hosenbund oder Kapuzen;

- als Label an Säumen mit ausgestanzten Motiven (Stanzer für Pappe sind im Bastelbedarf erhältlich);

- als Verstärkung und Dekoration seitlich an Tascheneingriffen.

### Bügelmotive aus Flexfolie

Mit Bügelfolie für Textilien – erhältlich in vielen Farben und meistens als Flex- (glatt) oder Flockfolie (pelzige Oberfläche) – lassen sich tolle Motive auf Kleidungsstücke zaubern. Mit einem Schneideplotter kann man alle erdenklichen Motive erstellen, aber auch einfachste geometrische Formen, die mithilfe eines Lineals oder einer Schablone vorgezeichnet und mit der Schere ausgeschnitten werden, erzielen tolle Effekte. Dreiecke, Rechtecke und Kreise können immer neu angeordnet und farblich schier grenzenlos kombiniert werden, um einen stets neuen Look zu kreieren.
Bevor die Bügelfolie aufgebügelt wird, empfiehlt es sich, die Tex-

tilien zu waschen oder heiß mit Dampf zu bügeln. Das verhindert ein Einlaufen der Stoffe und entfernt mögliche Reste einer Appretur auf dem Stoff.

Die Folie wird mit der folierten Seite nach oben auf dem Stoff platziert und mit dem Bügeleisen auf einer harten Unterlage (z. B. einem Holzbrett) mit viel Druck aufgepresst. Dabei stets die Temperatur- und Zeitangaben des Herstellers beachten. Anschließend wird die Trägerfolie entfernt und das Motiv unter Backpapier geschützt noch einmal nachgepresst.

## WENDEÖFFNUNG SCHLIESSEN

Gedoppelte Kleidungsstücke werden rechts auf rechts zusammengenäht und anschließend durch eine kleine Öffnung in der Naht gewendet. Um diese sogenannte Wendeöffnung zu schließen, gibt es verschiedene Möglichkeiten. Manchmal kann man die Öffnung beim Absteppen mitfassen, oft aber ist es eine besonders elegante Lösung, das Loch in der Naht später unsichtbar mit Matratzenstich zu verschließen.

### Matratzenstich

Der Matratzenstich schließt unsichtbar Öffnungen innerhalb einer Naht. Das ist sehr hilfreich beispielsweise bei Kleidungsstücken zum Wenden, die auf beiden Seiten sauber gearbeitet aussehen sollen, oder bei Wendeöffnungen in Seitennähten, wo Steppnähte nicht sinnvoll sind.
Zunächst die Nahtzugaben entlang der Öffnung gleichmäßig nach innen umschlagen und die Ränder der Öffnung mit einer Stecknadel oder etwas Stylefix (schmales, transparentes Stoffklebeband) fixieren. Einen Nähfaden in eine feine Handnähnadel (bei Maschenware am besten mit runder Spitze) fädeln und das Ende verknoten. An der Außenkante der Öffnung die Nadel von der Stoffinnenseite nach außen führen, sodass der Knoten auf der Innenseite verschwindet. Die Nadel in die erste Kante der Öffnung einstechen, etwa 2 mm durch den Stoff führen und wieder an die Oberfläche ausstechen. Jetzt auf gleicher Höhe die Seite wechseln und das Ganze an der gegenüberliegenden Kante wiederholen. Abwechselnd hin und her arbeiten, dabei immer auf gleicher Höhe einstechen und den Faden behutsam festziehen, sodass sich die Kanten genau aneinanderlegen. So wird die Öffnung verschlossen. Am Ende der Wendeöffnung den Faden verknoten und vernähen.

### Absteppen

Befindet sich wie beispielsweise bei einem Halstuch die Wendeöffnung an einer Kante, die später flach liegt, lässt sich das fertige Kleidungsstück ringsherum mit Geradstich absteppen. Auch dann ist von der Öffnung nichts mehr zu sehen.

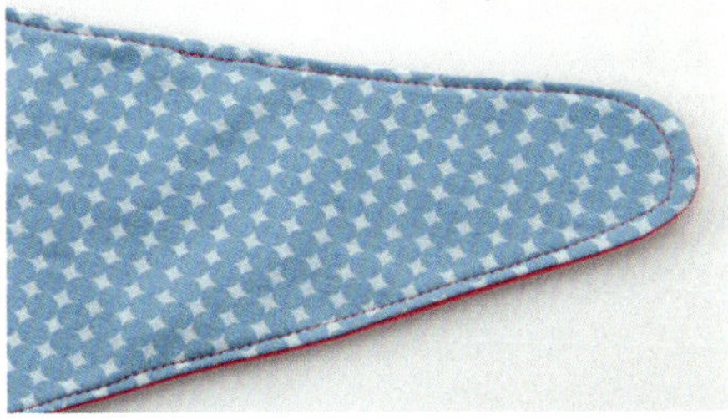

Alternativ kann man die Ränder einer Wendeöffnung sorgfältig mit Stecknadeln oder Stylefix bündig aneinanderlegen und nur im Bereich der Öffnung dezent absteppen. Dabei sollte man auf farblich passendes Garn achten und Nahtanfang und -ende durch Rückstiche sorgfältig sichern. Diese Technik eignet sich besonders, um Öffnungen im Futterstoff eines Kleidungsstücks zu verschließen, die ohnehin später innen liegen.

## DRUCKKNÖPFE

Für viele Kleidungsstücke aus Jersey benötigt man Druckknöpfe. Dabei sollte man unbedingt spezielle Jerseydruckknöpfe verwenden. Die offenen oder geschlossenen Kappen haben im Ring angeordnete Zacken, die sich durch den Stoff in das Gegenstück drücken und dort umgebogen werden. So wird beim Öffnen und Schließen der Zug verteilt, die Knöpfe reißen nicht einfach aus. Trotzdem sollte der Bereich, in dem die Druckknöpfe angebracht werden, zusätzlich mit einer Bügeleinlage verstärkt werden. Werden die Drücker in einer Einfassung oder einem gedoppelten Bündchenstreifen befestigt, ist eine Verstärkung jedoch nicht nötig.

Die Druckknöpfe haben eine nach innen gewölbte, „weibliche" Seite und eine nach außen gewölbte „männliche". Beim Anbringen muss man stets darauf achten, dass diese Seiten am fertigen Teil ineinandergreifen können.

Die gewöhnlich ringförmigen Gegenstücke müssen also stets an den gegenteiligen Stoffseiten angebracht werden. Die Position der Druckknöpfe sollte vor dem Anbringen mit Kreide oder einem speziellen Markierungsstift auf dem Stoff angezeichnet werden.

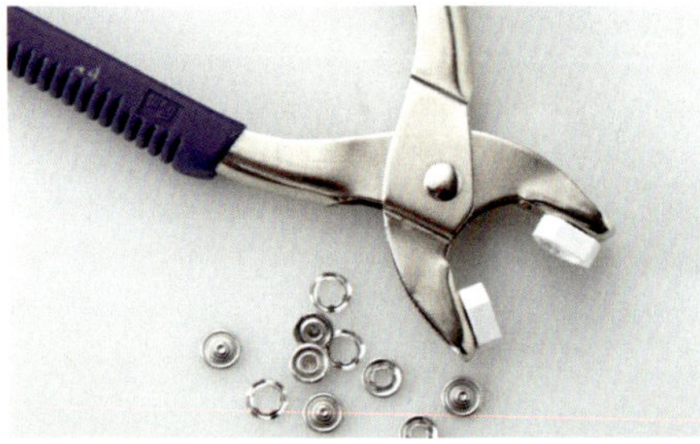

Die Druckknöpfe werden mit einer Zange und passenden Aufsätzen angebracht. Es ist sehr wichtig, die korrekten, zu den jeweiligen Knöpfen passenden Aufsätze bzw. die passende Zange zu verwenden. Für optimale Ergebnisse zunächst den weiblichen oder männlichen Teil in der Zange befestigen. Dann den Zackenring von Hand an der gewünschten Stelle in den Stoff drücken und erst anschließend in die mit dem Gegenstück versehene Zange einpassen. Nun die Zange behutsam zudrücken. Dabei darauf achten, dass sicher alle Zacken greifen. Anschließend mit der zweiten Seite des Druckknopfs ebenso verfahren.

Sollte einmal ein Druckknopf falsch angebracht worden sein, kann er entfernt werden, indem man ihn mit einer stumpfen Zange behutsam senkrecht zusammendrückt. Der Zackenring löst sich dabei aus dem Gegenstück und kann vorsichtig aus dem Stoff gezogen werden.

# KLEIDUNG NÄHEN – GRUNDBAUSTEINE

## PASSFORM UND GRÖSSENWAHL

Die Schnitte in diesem Buch sind so ausgelegt, dass sie den meisten Kindern mit einer der Kleidergröße entsprechenden Körpergröße plus/minus 3 cm bequem passen. Für ein 102 cm großes Kind ist beispielsweise Größe 104 richtig. Ärmel- und Beinlängen sind eher großzügig konzipiert, damit auch in Bewegung und beim nächsten Wachstumsschub alles schön verpackt ist.

**Hinweis:** Naht- und Saumzugaben sind nicht im Schnittmuster enthalten und müssen selbst hinzugefügt werden. Die folgende Maßtabelle bezieht sich auf die Körpermaße des Kindes. Die Zeichnung zeigt, wo gemessen wird. Bei den angegebenen Körpermaßen sitzt das fertige Kleidungsstück in Länge und Weite so wie vorgesehen.

Damit das Teil auch den eigenen Vorstellungen entspricht, vergleicht man am besten ein gut passendes Kleidungsstück direkt mit dem Schnittmuster. So geht man auf Nummer sicher. Für sehr schmale oder sehr kräftige Kinder ist es immer eine gute Lösung, verschiedene Größen für Länge und Weite zu wählen.
Für besonders schmale Kinder oder einen körpernahen Sitz wählt man die Kleidergröße, die der gewünschten Weite entspricht, und verlängert die Säume von Ärmeln, Beinen und Körper auf die der Körpergröße entsprechende Kleidergröße.
Für kräftige Kinder oder einen lässigen Sitz wird die Kleidergröße ebenfalls nach gewünschter Weite ausgesucht und im Anschluss auf die zur Körpergröße passende Länge eingekürzt.

**Achtung:** Stets die Stoffempfehlung beachten. Kleidung aus unterschiedlichen Materialien fällt unterschiedlich groß aus. Wird weniger dehnbarer Stoff als angegeben verwendet, sollte mindestens eine Größe größer zugeschnitten werden, bei stärker dehnbarem Material als vorgesehen, kann eine Größe kleiner gewählt werden.

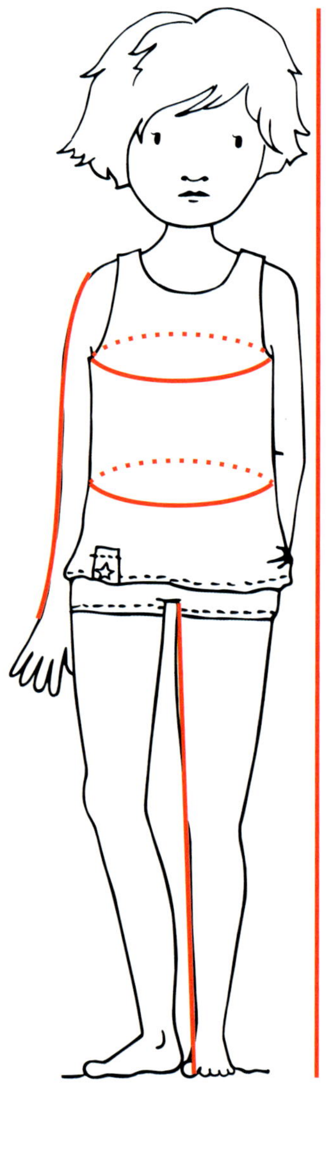

| Körpergröße in cm (entspricht Kleidergröße) | 50 | 56 | 62 | 68 | 74 | 80 | 86 | 92 |
|---|---|---|---|---|---|---|---|---|
| Brustumfang | 40 | 42 | 44 | 46 | 48 | 50 | 51,5 | 53 |
| Taille | 42 | 43,4 | 44,8 | 46,2 | 47,6 | 49 | 50 | 51 |
| Hüftumfang | 41 | 43 | 45 | 47 | 49 | 51 | 53 | 55 |
| Armlänge (oben) | 23 | 23,6 | 24,2 | 24,8 | 25,4 | 26 | 28,3 | 30,6 |
| Schrittlänge (Bein innen) | 13,5 | 16,6 | 19,7 | 22,8 | 25,9 | 29 | 32,7 | 36,4 |

| Körpergröße in cm (entspricht Kleidergröße) | 98 | 104 | 110 | 116 | 122 | 128 | 134 | 140 |
|---|---|---|---|---|---|---|---|---|
| Brustumfang | 54,5 | 56 | 57,5 | 59 | 62 | 65 | 68 | 71 |
| Taille | 52 | 53 | 54 | 55 | 56,5 | 58 | 59,5 | 61 |
| Hüftumfang | 57 | 59 | 61 | 63 | 66 | 69 | 72 | 75 |
| Armlänge (oben) | 32,9 | 35,2 | 37,5 | 39,8 | 42,3 | 44,8 | 47,3 | 47 |
| Schrittlänge (Bein innen) | 40,1 | 43,7 | 47,4 | 51,1 | 54,8 | 58,5 | 62,2 | 64 |

## KLASSISCHE SHIRTS ODER PULLOVER NÄHEN

Bei klassischen Shirts oder Pullovern zunächst das Vorder- und das Rückenteil entlang der Schultern bündig rechts auf rechts aufeinanderlegen und die Schulternähte nähen.

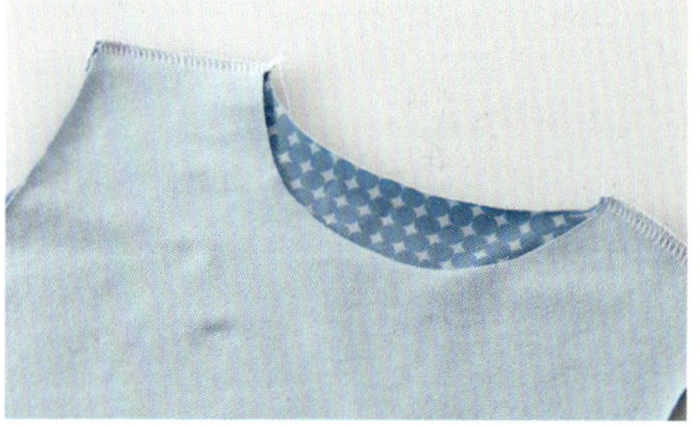

Anschließend die Ärmel rechts auf rechts in die Armöffnungen einsetzen und annähen.

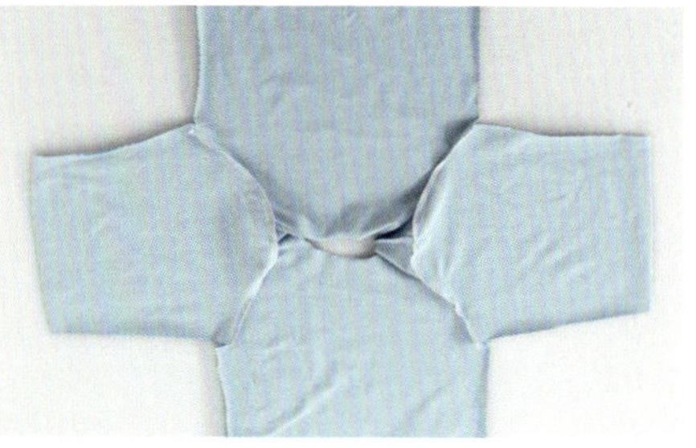

Dann das Vorder- und Rückenteil rechts auf rechts aufeinanderlegen, die Säume liegen bündig, die Ärmel sind zur Hälfte gefaltet. Nun die Ärmel- und Seitennähte in einem Arbeitsgang von der Ärmelunterkante bis zum Saum schließen.

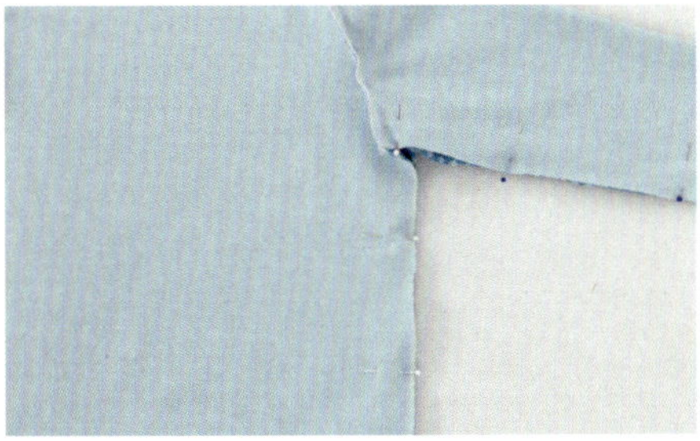

Ärmel und Saum werden entweder gesäumt oder mit Bündchen versehen, der Halsausschnitt bekommt ein Bündchen oder eine Kapuze. Halsbündchen oder alternative Einfassungen können auch vor dem Schließen der zweiten Schulternaht angenäht werden.
Bei kleinen Größen empfiehlt es sich, die Ärmel vor dem Schließen der Ärmel- und Seitennähte zu säumen, da andernfalls in einer sehr kleinen Rundung genäht werden muss. Die Nahtzugaben dann beim Schließen der Ärmelnähte zur Seite steppen.
Bauchtaschen (siehe Seite 106) oder Applikationen (siehe Seite 109) vor dem Zusammennähen auf den Einzelteilen platzieren und aufnähen.

## HOSEN NÄHEN

Hosen aus Jersey oder anderer Maschenware können aus jeweils einem Schnittteil pro Hosenbein (z. B. Leggings) oder zwei Teilen pro Bein, nämlich Vorder- und Rückseite, genäht werden. Das rückwärtige Hosenteil ist dabei gewöhnlich breiter und höher geschnitten.
Besteht eine Hose aus zwei Teilen pro Bein, zunächst die Außenbeinnaht rechts auf rechts nähen. Bei Hosen aus einem Teil entfällt dieser Schritt.

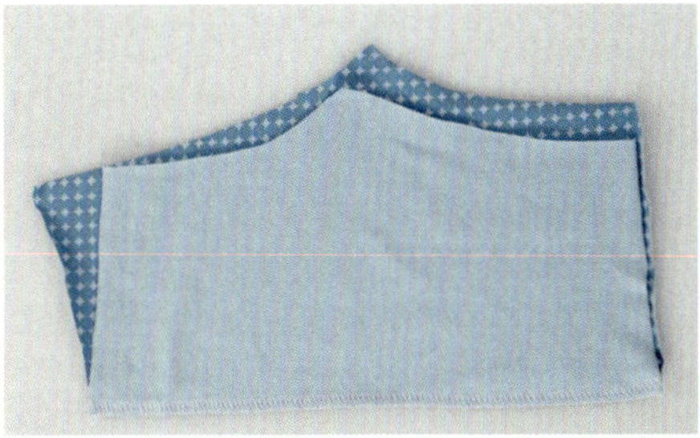

Dann die Innenbeinnaht rechts auf rechts schließen.

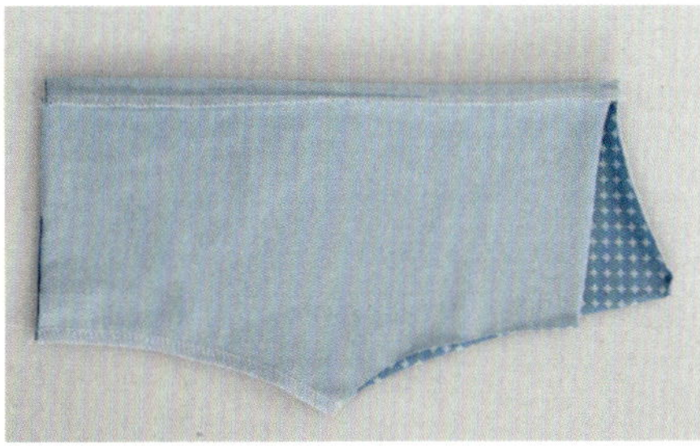

Ein Hosenbein auf rechts wenden (die rechte Stoffseite liegt außen) und rechts auf rechts in das zweite Hosenbein stecken, Vorderseite und Rückseite der Hosenbeine liegen dabei jeweils passend aufeinander. Jetzt die Schrittnaht in einem Zug schließen.

Im Anschluss beide Hosenbeine wieder auf links (die linke Stoffseite liegt außen) wenden und Bündchen, Gummizüge oder Säume an den Hosenbund und die Beinsäumen nähen.
Soll die Hose mit aufgesetzten Taschen versehen werden (siehe „Taschen“, Seite 107), diese nach dem Zuschneiden und vor dem Zusammensetzen der Hose aufnähen.

## KRAGEN NÄHEN

Beim Poloshirt den Kragen der Länge nach falten; beim Body die Kragenteile r-a-r legen.

Beim Poloshirtkragen die beiden kurzen Kanten zusammennähen; beim Bodykragen die Kragenteile zusätzlich an der Oberkante zusammennähen.

Die NZG zurückschneiden und an den Ecken schräg einkürzen.

Den Kragen auf rechts falten und bügeln.

## POLOBLENDE NÄHEN

Die Blende r-a-r auf das Shirtvorderteil legen, dabei treffen die vordere Mitte von Vorderteil und Blende aufeinander (im Foto zur Verdeutlichung mit dem Schnittmuster). Hilfreich ist es, die vordere Mitte (Stoffbruch) am Shirt einzubügeln.

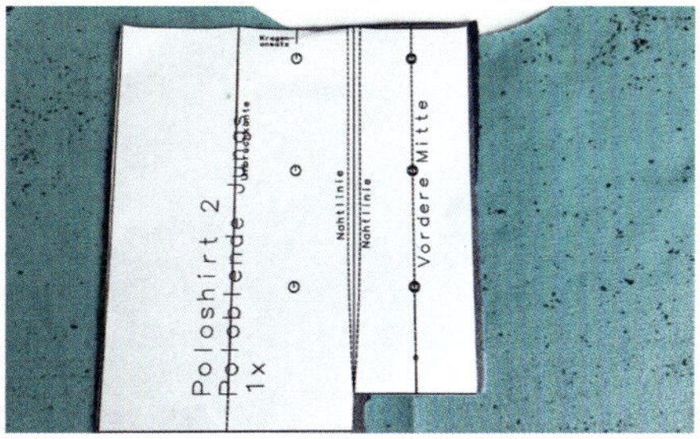


Die Nahtlinie gemäß Markierung im Schnittmuster mit Trickmarker einzeichnen.

Die Blende entlang der Nahtlinie annähen, dabei am Halsausschnitt beginnen, an der Unterkante einen Stich parallel und mit ca. 5 mm zur Schnittkante setzen und anschließend gemäß Markierung nach oben bis zur Halsausschnittkante nähen. Die Stofflagen zwischen den zwei Nähten bis kurz vor dem Ende der Öffnung und unten zu den Ecken hin jeweils schräg einschneiden.

Die Blende nach innen klappen und bügeln.

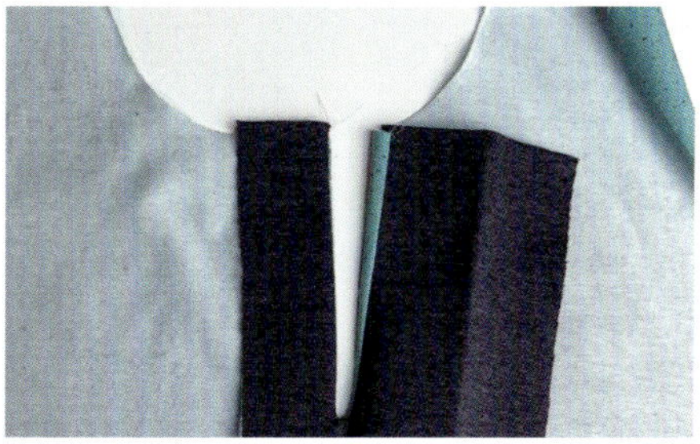

Die rechte Seite der Blende komplett nach links klappen ...

… zur Hälfte wieder nach rechts klappen und gut bügeln.

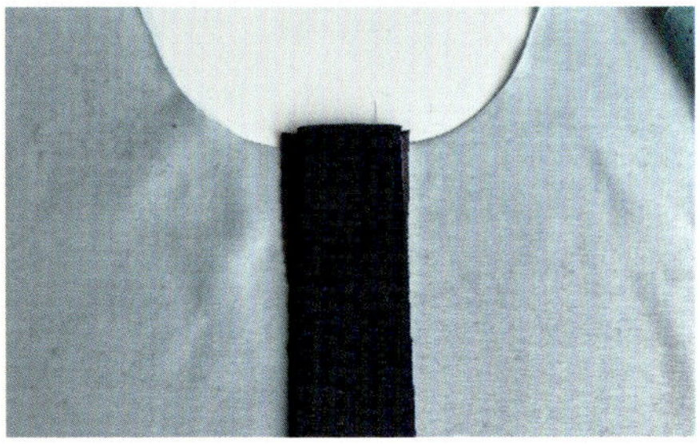

Den Blendenausschnitt von rechts bügeln.

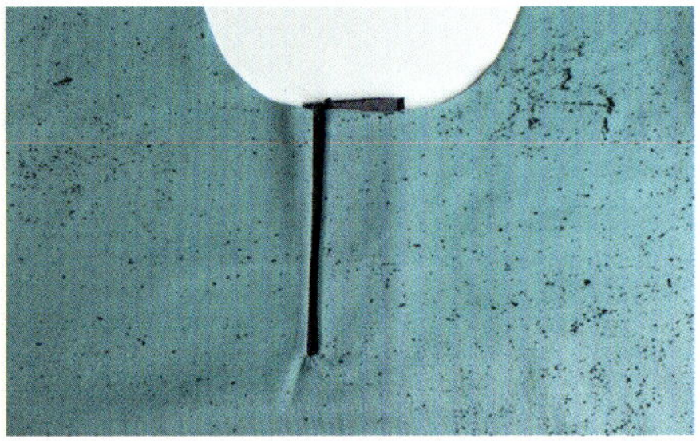

Das Vorderteil bis zum Ansatz der Blende nach oben klappen. Den überstehenden Stoff der Blende knappkantig abnähen, dabei darauf achten, dass du nicht das Shirt mitfasst.

Die untere Blende von rechts nach Wunsch mit einem kleinen Rechteck auf dem Shirt fixieren.

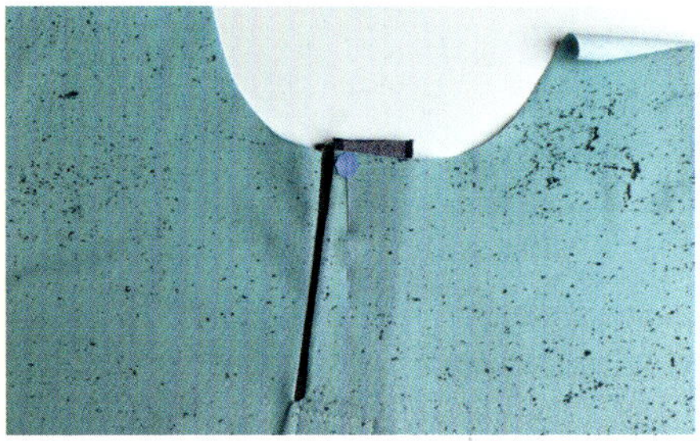

Auf der unteren und oberen Blende die vordere Mitte markieren.

Den Kragen r-a-r an den Markierungen der Blende anlegen.

Das Innenteil der Blende um den Kragen klappen und feststecken; am besten die kurze Strecke an der Blende mit der Nähmaschine fixieren.

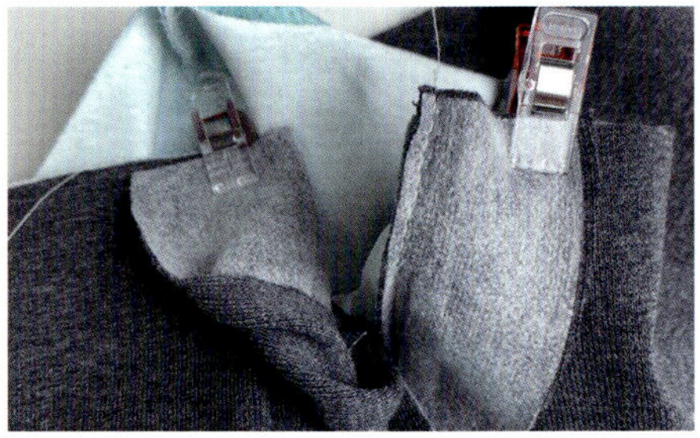

Den Kragen mit der Overlock annähen.

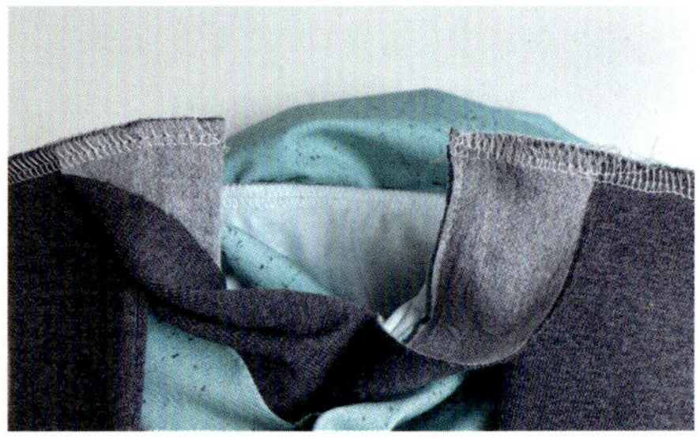

Die Blende in Position klappen und bügeln. Zum Schluss die Druckknöpfe auf der Blende anbringen.

## DOWNLOAD

Wer das ausgewählte Schnittmuster nicht vom Bogen abpausen will, kann es auch ganz einfach selbst ausdrucken!
Im Shop des frechverlags unter www.toppkreativ.de findet man alle Schnitte als PDF zum Download. Dieser Service ist kostenpflichtig.
Nach der Anmeldung unter „Mein Konto“ oder der Registrierung als neuer Kunde wählt man einfach die Schnittmuster aus, die ausgedruckt werden sollen. Nach dem Bezahlvorgang sind die PDFs in der persönlichen digitalen Bibliothek zu finden www.toppkreativ.de/digibib.
Das PDF kann mit dem Adobe Acrobat Reader geöffnet und mit deinem Drucker für DinA4 Papiere ausgedruckt werden.
Beim Ausdruck muss darauf geachtet werden, dass das PDF in der tatsächlichen Größe und ohne Anpassung an die Seite ausgegeben werden. Dafür gibt es eine Einstellung im Druckmenü. Um sicher zu gehen, ob man die korrekten Einstellungen gewählt hat, gibt es ein Kontrollkästchen auf jedem PDF, dessen Maße geprüft werden sollten.
Tipp: Einfach zuerst nur die Seite mit dem Kontrollkästchen ausdrucken, und die Größe nachmessen.
Die Seiten müssen nach dem Ausdruck noch mit Klebestift oder -film zusammengeklebt werden. Die einzelnen Blätter müssen sich dabei wie eingezeichnet überlappen. An den Linien kann man mit einem zusätzlichen Stück Klebefilm nochmal die Kanten fixieren. Dann können die Schnittteile an den Linien für die gewählte Größe ausgeschnitten werden.

## ABKÜRZUNGEN

l-a-l = links auf links
l-a-r = links auf rechts
NZG = Nahtzugabe
r-a-l = rechts auf links
r-a-r = rechts auf rechts

# LEXIKON

**Bügeleinlage/Bügelvlies:** Wird auf die linke Stoffseite aufgebügelt, um dem Stoff Stabilität zu verleihen. So kann man z. B. Knopflöcher in Bündchen oder Kanten verstärken, an die ein Reißverschluss genäht werden soll. Für Jerseykleidung eignet sich gut Gewebeeinlage, z. B. Vlieseline G 700 oder G 710 (etwas leichter). Aber auch jede andere nicht zu steife Einlage ist denkbar.

**Fadenlauf/Maschenlauf:** Die Richtung, in der der Stoff gestrickt (Maschenlauf) oder gewebt (Fadenlauf) wurde. Er verläuft immer parallel zur Seitenkante und ist bei Maschenware beim Zuschnitt von großer Bedeutung für die Dehnbarkeit. Die Dehnbarkeit ist nämlich gewöhnlich quer zum Maschenlauf am größten.

**Framilon:** Ein transparentes, dünnes Gummiband, das gedehnt angenäht für die Raffung von dehnbaren Stoffen verwendet wird und ungedehnt in der Naht mitgefasst ein Ausleiern verhindert (zum Beispiel an Schulternähten).

**Füßchenbreit:** Füßchenbreit nähen bedeutet, dass die Naht der halben Breite des Nähfußes entspricht. Die Nadel befindet sich dabei in mittiger Position und der Nähfuß wird direkt entlang der Kante geführt. Das sorgt für eine Naht im gleichmäßigen Abstand vom Rand bei 7–8 mm, je nach Maschinenmodell.

**Gegengleich:** Wird der Stoff beim Zuschneiden rechts auf rechts doppelt gelegt, also in doppelter Stofflage zugeschnitten, erhält man direkt gespiegelte (gegengleiche) Schnittteile, also z. B. rechten und linken Ärmel oder Hosenbein.

**Jerseydruckknöpfe:** Druckknöpfe zum Einschlagen oder Eindrücken (Zange) in gestrickte Stoffe. Durch ihre ringförmig angeordneten Zacken verteilt sich beim Öffnen der Zug auf dem Stoff. Trotzdem sollte der Stoff mit einer Bügeleinlage oder mit Wonder Dots vorher verstärkt werden, bevor die Druckknöpfe nach Herstelleranleitung angebracht werden.

**Links auf links:** Eine Art, zwei Stoffteile zusammenzulegen, wobei die linken Stoffseiten oder Unterseiten/unbedruckten Seiten des Stoffes aufeinandertreffen.

**Nähfußdruck:** Der Druck, den der Nähfuß nach unten auf den Stoff ausübt. Bei den meisten Nähmaschinen einstellbar. Dehnbare Stoffe sollten mit reduziertem Nähfußdruck genäht werden, da dies Wellenbildung verhindert.
Bei schweren Stoffen verbessert ein gesteigerter Nähfußdruck den Stofftransport.

**Nahtzugabe:** Der angeschnittene Überstand abseits der Nahtlinie, der den Schnittteilen hinzugefügt wird, um ein Zusammennähen zu ermöglichen. Es sollte immer nur so viel Nahtzugabe hinzugefügt werden, wie später der Nahtbreite entspricht. Für gewöhnlich beträgt die Nahtzugabe etwa 1 cm, beim Einsatz der Overlockmaschine etwa 7 mm.

**Rechts auf rechts:** Eine Art, zwei Stoffteile zusammenzulegen, wobei die rechten Stoffseiten oder Oberseiten/bedruckten Seiten des Stoffes aufeinandertreffen.

**Saumzugabe:** Die Zugabe am Stoff, die zusätzlich benötigt wird, um einen Saum zu nähen. Dabei empfehlen sich 2–3 cm, die nach innen umgeschlagen und danach sorgfältig festgesteppt werden.

**Stoffbruch:** Der Stoffbruch bezeichnet den Falz, entlang dem der Stoff im Maschenlauf beim Zuschneiden doppelt gelegt wird. Symmetrische Schnittteile werden entlang des Stoffbruchs angelegt und so im Ganzen zugeschnitten.

**Stylefix:** Das schmale, doppelseitige Stoffklebeband eignet sich bestens, um Reißverschlüsse zu befestigen oder Wendeöffnungen zu adaptieren, da es problemlos übernäht werden kann.

pattarina

Wer die Schnitte nicht abpausen oder ausschneiden will, kann die Schnittteile auch mit der Pattarina-App fürs Smartphone auf den Stoff übertragen. Im Onlineshop des frechverlags unter www.topp-kreativ.de können die Schnitte in die Pattarina-App über einen kostenpflichtigen Download heruntergeladen werden.
Mit Pattarina werden die Schnittteile mithilfe der Augmented-Realitiy-Technik direkt auf den Stoff übertragen. Mehr Informationen dazu gibt es auf www.pattarina.de.

## Und so funktioniert's:

### 1. Pattarina-App

Zuerst die kostenlose Pattarina-App aufs Smartphone laden und installieren. Die kostenlose App gibt es im App Store bzw. im Play Store und funktioniert auf den meisten Smartphones, die nicht älter als 3 Jahre sind.

### 2. Pattarina-Anker

Vor dem Übertragen muss man noch den Pattarina-Anker ausdrucken. Der Anker ist ein kleines Bild, das der App bei der Orientierung auf dem Stoff hilft. Der Anker und weitere Hinweise dazu sind auf www.pattarina.de zu finden.

### 3. Schnittmuster aussuchen

Die gewünschten Schnittmuster in der App freischalten, indem die Modelle unter www.topp-kreativ.de ausgewählt und bezahlt werden. Danach können die Schnitte in der App geöffnet und genutzt werden.

### 4. Schnittmuster übertragen

In der App und auf der Internetseite von Pattarina gibt es weitere detaillierte und aktuelle Hinweise, wie am besten mit der App gearbeitet wird. Die Linien überträgt man mit einem Trickmarker auf den Stoff.

# BUCHEMPFEHLUNGEN FÜR DICH

Noch mehr kreative Bücher zum gleichen Thema gesucht?

ISBN 978-3-7724-8142-0

ISBN 978-3-7724-8131-4

ISBN 978-3-7724-8164-2

ISBN 978-3-7724-4842-3

ISBN 978-3-7724-6492-8

ISBN 978-3-7724-6482-9

ISBN 978-3-7724-6472-0

ISBN 978-3-7724-6402-7

ISBN 978-3-7724-4803-4

ISBN 978-3-7724-4824-9

ISBN 978-3-7724-4854-6

ISBN 978-3-7724-4831-7

Noch mehr Kreativ-Bücher findest du auf www.TOPP-kreativ.de

# #TOPPPROJEKT

**Die eigene Kreativität zeigen: TOPPprojekt mit anderen Kreativen teilen und Teil der Gemeinschaft werden.**

DIY-begeistert und auf Instagram? Dann unbedingt mitmachen! Hier gibt's Tipps und Feedback zu den eigenen Projekten. Außerdem verlosen wir jeden Monat ein Überraschungspaket. Um am Gewinnspiel teilzunehmen, einfach ein Bild vom Kreativ-Projekt aus unseren Büchern mit #TOPPprojekt posten und unserem Account @frechverlag folgen. Mehr Infos auf TOPP-kreativ.de/TOPPprojekt

Mach mit beim

**#TOPPprojekt**

#TOPPprojekt
@frechverlag

## Webseite

Auf TOPP-kreativ.de gibt es ein riesiges Angebot von über 1.000 Kreativbüchern, Sets und mehr zu entdecken.

## Newsletter

Immer als Erstes von unseren Neuheiten und Sonderaktionen erfahren: TOPP-kreativ.de/newsletter

## Instagram

@frechverlag

## Pinterest

pinterest.com/frechverlag

## Facebook

facebook.com/frechverlag

## DigiBib

Hier gibt es zusätzlich zu einigen unserer Bücher digitale Extras, wie Video-Tutorials, Plotter-Dateien, Vorlagen, Übungsblätter und vieles mehr. Einfach im Impressum eines TOPP-Buchs nachschauen, ob dort ein Code vorhanden ist, und exklusive Inhalte freischalten. TOPP-kreativ.de/digibib

## Youtube

youtube.com/frechverlag

Pauline Dohmen lebt mit ihren fünf Kindern in Göttingen. Schon von Kindheitstagen an handarbeits- und nähverrückt, geriet sie nach einem ausgedehnten Ausflug in die Medizin während ihrer zweiten Elternzeit in die kunsthandwerkliche Selbstständigkeit und lebt seit 2011 unter dem Label Klimperklein ihren Traum, mit eigenen Schnittideen samt ausführlichen Anleitungen auch andere zu begeistern. Funktionalität, gute Passform und schlichte Schnittführung mit viel Platz für eigene Kreativität stehen dabei im Vordergrund.
Über den Weg zur perfekten Ausstattung für ihre Kinderschar bloggt sie unter www.klimperklein.de.

Wir danken der Firma Albstoffe und der Firma Swafing für das freundliche Bereitstellen der Stoffe.
Des Weiteren bedanken wir uns bei den Firmen Snaply, Freudenberg Vliesstoffe, Prym und Gütermann für die freundliche Unterstützung mit Materialien.

Der Freischaltcode für die digitalen Inhalte lautet: **10958**

Hilfestellung zu allen Fragen, die Materialien und Kreativbücher betreffen: Frau Erika Noll berät Sie. Rufen Sie an: 05052/911858* *normale Telefongebühren

FOTOS: frechverlag GmbH, Turbinenstraße 7, 70499 Stuttgart; Pauline Dohmen, Göttingen (S. 109 linke Spalte, S. 117 und 118); lichtpunkt, Michael Ruder, Stuttgart (alle übrigen)

PRODUKTMANAGEMENT: Eva-Barbara Zirn

LEKTORAT: Christine Schlitt, Worms

FIGURINE (S. 114): Angela Pickard, Sundern

COVER UND LAYOUT: Tatjana Weiss

GESTALTUNG: Petra Theilfarth

DRUCK UND BINDUNG: Neografia, Slowakei



2. Auflage 2021

ISBN 978-3-7724-4862-1 • Best.-Nr. 4862